Max Direktor
Dietrich Engelhard

Selbst Fassaden renovieren und restaurieren

Compact Verlag

Alle Anleitungen wurden
sorgfältig erprobt – eine
Haftung kann dennoch
nicht übernommen werden.
Redaktion und Herstellung:
Jutta Keller, Thomas Kroher
Umschlaggestaltung: Inga Koch
Zeichnungen: Ulla Häusler
Printed in Germany
ISBN 3-8174-2250-4
2222502

Ein Wort zuvor

Selbermachen – ein Hobby, das heute für Millionen zur sinnvollen Freizeitbeschäftigung geworden ist. Ob es sich nun um die gemietete Altbauwohnung oder um die eigenen vier Wände handelt, mit etwas Geschick und einer fachmännischen Anleitung lassen sich oft verblüffende und ansprechende Ergebnisse erzielen: bei kleineren Reparaturen, beim Renovieren und Verschönern und beim Um- und Ausbauen. Und Selbermachen bringt Spaß. Freude an der eigenen Arbeit, deren Ergebnis man Tag für Tag sehen und »bewundern« kann; es spart Geld, mit dem sich langgehegte Wünsche erfüllen lassen, und es macht unabhängig von Handwerkern, auf die man wochenlang und schließlich vergeblich gewartet hat.

Fachgeschäfte, Heimwerker- und Baumärkte versorgen den Hobby-Handwerker mit allen Werkzeugen und Materialien, die er braucht. Doch richtiges Werkzeug und Begeisterung allein reichen nicht aus. Unerläßlich sind eine gründliche Vorbereitung und Fachkenntnisse, wie eine Arbeit durchzuführen und was dabei zu beachten ist.

COMPACT PRAXIS **Selbst Fassaden renovieren und restaurieren** zeigt, wie man's macht. Mit wertvollen Tips und Tricks, die sich in der Praxis tausendfach bewährt haben. Jeder Arbeitsgang wird ausführlich Schritt für Schritt gezeigt und in Bild und Text erläutert. Übersichtliche Symbole zeigen auf einen Blick, mit welchem Schwierigkeitsgrad, welchem Kraft- und Zeitaufwand Sie bei jedem Arbeitsgang rechnen müssen, welche Werkzeuge Sie brauchen und wieviel Geld Sie durch Ihre eigene Arbeit einsparen können.

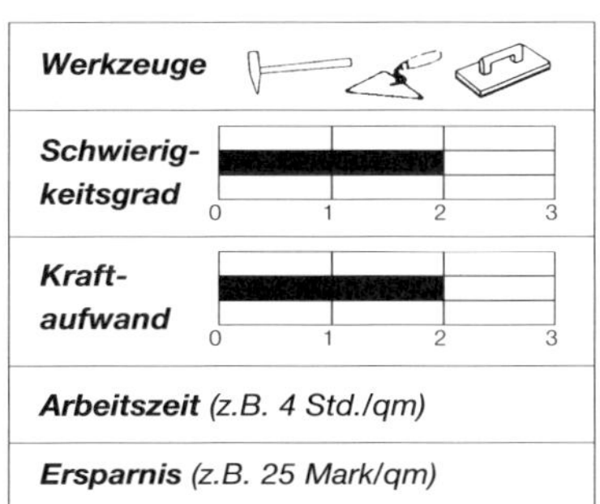

Und so stufen Sie sich auch richtig ein:

Schwierigkeitsgrad 1 – Arbeiten, die selbst der Ungeübte ausführen kann. Es ist nur geringes handwerkliches Geschick erforderlich.

Schwierigkeitsgrad 2 – Arbeiten, die einige Übung im Umgang mit Werkzeug und Material erfordern. Es ist handwerklich durchschnittliches Geschick notwendig.

Schwierigkeitsgrad 3 – Arbeiten, die fachmännische Übung erfordern. Überdurchschnittliches Geschick ist erforderlich.

Kraftaufwand 1 – leichte, einfache Arbeit, die jeder bequem erledigen kann.

Kraftaufwand 2 – Arbeiten, die eine gewisse körperliche Kraft voraussetzen.

Kraftaufwand 3 – Arbeiten für kräftige Heimwerker, die keine »Knochenarbeit« scheuen.

Inhaltsverzeichnis

Fassadenarbeiten auf einen Blick

Fassaden prägen als Teil der Außenhaut den Gesamteindruck eines Hauses. In den meisten Fällen bestehen Fassaden aus verputztem Mauerwerk, verbreitet sind auch verputzte Dämmfassaden, Dämmfassaden mit Verkleidungen aus Faserzementplatten oder Holz sowie Fachwerkfassaden. Die Außenhaut eines Hauses hat nicht nur dekorative Funktionen: Sie soll vor allem das Mauerwerk vor Niederschlägen und damit vor Durchfeuchtung, Wärmeverlusten und schließlich Zerstörung schützen. Die Abgase aus Industrie, Hausfeuerung und Autoverkehr, vor allem die daraus entstehenden säurehaltigen Niederschläge, verstärken die Fassadenschäden. Aufsteigende Feuchtigkeit aus dem Erdreich ist nicht nur unangenehm in bewohnten Wohnräumen, sie kann durch Frost und Salze schwere Zerstörungen an Putz und Mauerwerk hervorrufen.

Der Heimwerker kann sich in den meisten Fällen selber helfen. Die herkömmlichen Baumaterialien werden dabei inzwischen von einem breiten Spektrum an Produkten ergänzt, die speziell auf den Heimwerker zugeschnitten sind. Für Heimwerker, die bevorzugt mit Naturstoffen arbeiten wollen, gibt es neben den weit verbreiteten kunststoffhaltigen Dispersionsfarben Produkte, die ganz oder doch überwiegend aus ganz natürlichen Rohstoffen bestehen wie Silikatfarben. Zu den jeweiligen Anstrichstoffen gibt es die jeweils darauf abgestimmten Grundierungen, Haftbrücken, Spachtelmassen und Armierungsanstriche.

Sinnvolle Fachberatung

Renovieren umfaßt den Erneuerungsanstrich mit geringfügigen Reparaturen, Restaurieren auch umfangreichere Reinigungs- und Ausbesserungsarbeiten – der Übergang zur Sanierung ist fließend. Gerade bei umfangreicheren Arbeiten wird man Fachberatung in Anspruch nehmen: z. B. den Fachberater in Fach-, Bau und Heimwerkermärkten, in schwierigeren Fällen auch die technischen Beratungsstellen der Herstellerfirmen oder gar Architekten. Der meist vergleichsweise geringe finanzielle Mehraufwand für eine Beratung steht in keinem Verhältnis zum Schaden, der aufgrund falscher Materialwahl oder ungeeigneter baulicher Maßnahmen entstehen kann.

Feuchtigkeitsschutz

Die meisten größeren Schäden an Fassaden sind direkt oder indirekt auf Feuchtigkeitseinwirkung zurückzuführen. In vielen Fällen lassen erst zusätzliche Maßnahmen gegen Feuchtigkeit eine Renovierung von Fassaden sinnvoll erscheinen. Dabei muß die genaue Ursache der Schäden ermittelt werden. In vielen Fällen ist eine fachkundige Beratung unerläßlich.

Feuchtigkeit aus dem Erdreich

Sie entsteht durch das Versickern der Niederschläge. Während die natürliche Feuchtigkeit des Erdreichs meist keine größeren Schäden hervorruft, kann drückendes Wasser zu erheblichen Schäden führen, z. B. wenn Mauern dem Grundwasser ausgesetzt sind oder wenn Niederschlagswasser unterirdisch an einem Hang gegen das Mauerwerk drückt. Neubauten werden durch Sperrschichten gegen Feuchtigkeit im Erdreich abgedichtet, viele ältere Häuser jedoch besitzen eine solche Abdichtung nicht. Je nach Saugfähigkeit des Wandbaustoffs kann nicht nur das unmittelbar dem Erdreich angrenzende Mauerwerk betroffen sein, die Feuchtigkeit kann im Mauerwerk hochsteigen, in extremen Fällen sogar bis zu zwei Metern über die Erdoberfläche. Putze und Anstriche auf solchen Mauern sind immer nur von begrenzter Haltbarkeit. Dazu kommen das ungesunde Raumklima und die hohen Heizkosten. Je nach baulichen Gegebenheiten ist eine horizontale oder eine vertikale Feuchtigkeitsisolierung oder eine Kombination beider Maßnahmen sinnvoll bzw. erforderlich.

1 Eine nachträgliche **horizontale Abdichtung** ist durch mehrere Verfahren möglich:

- Beim Stahlblechverfahren wird mit hohem Druck ein gewelltes, korrosionsbeständiges Edelstahlblech in die Lagerfuge eingetrieben. Nicht für dieses Verfahren eignen sich in der Regel Natursteinmauerwerk und Mauerwerk mit geringer Festigkeit.
- Beim Mauersägeverfahren wird das Mauerwerk durch eine Säge im Querschnitt durchtrennt und eine Abdichtung eingebracht.
- Beim Maueraustauschverfahren wird das alte Mauerwerk abschnittweise entfernt, mit einer Sperrschicht versehen und wieder ausgemauert.
- Bei den chemischen Verfahren oder Bohrlochverfahren werden

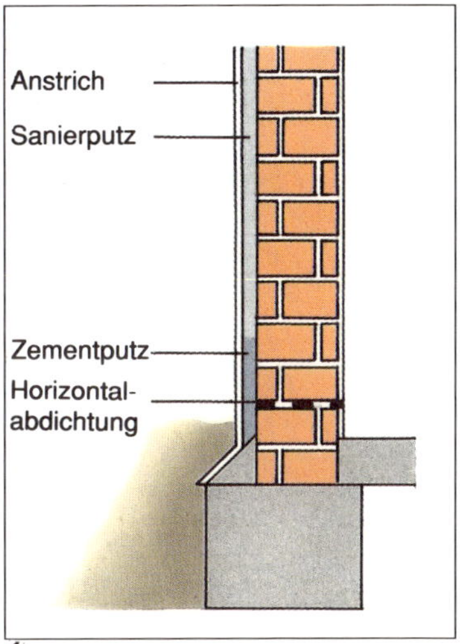

1

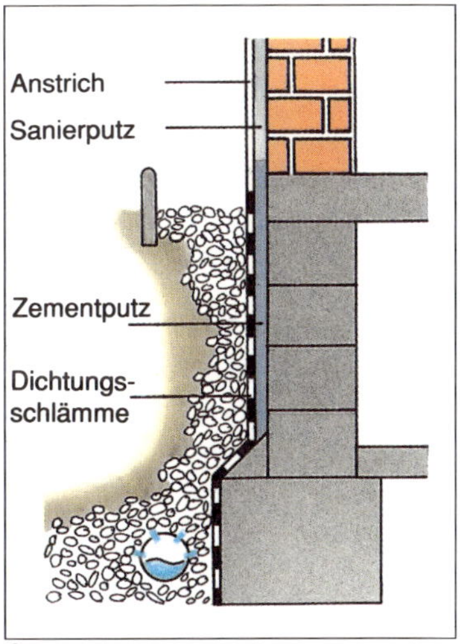

2

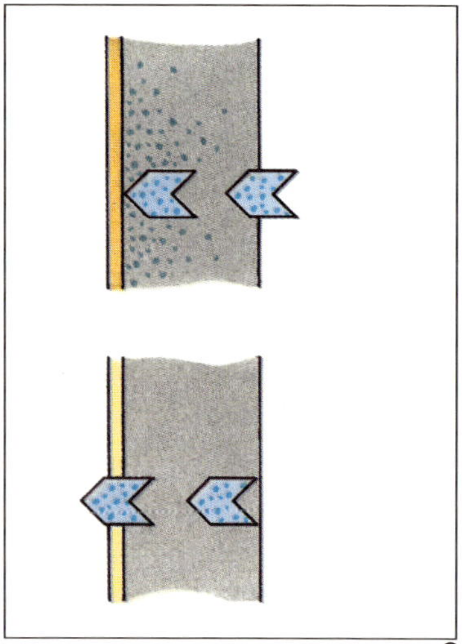

3

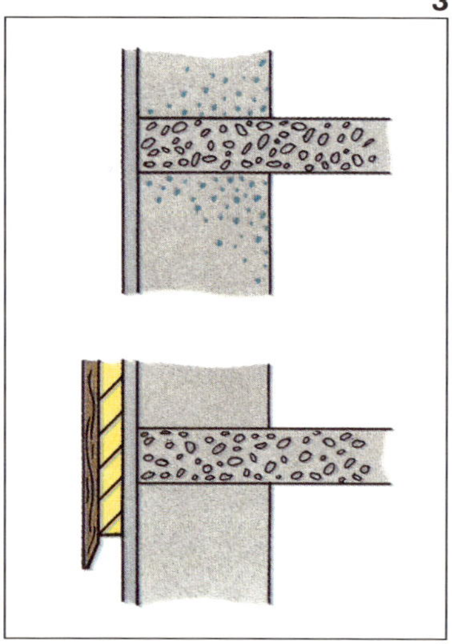

4

bestimmte Chemikalien, z. B. Kombinationen von Silikaten und Silikonaten, über Bohrlöcher ins Mauerwerk eingebracht. Geeignet für dieses Verfahren ist relativ homogen gemauertes, saugfähiges Mauerwerk.

2 Zur **vertikalen Abdichtung** kann altes Mauerwerk gesäubert, verputzt und anschließend mit Dichtungsschlämmen oder bituminösen Abdichtungsmassen behandelt werden. Drückende Feuchtigkeit an Hängen kann durch Dränagen abgefangen werden. Dränagerohre besitzen Schlitze, die die überschüssige Feuchtigkeit aufnehmen und an anderer Stelle abführen, z. B. in die Kanalisation.

Mauersalze

Die Feuchtigkeit kann die im Erdreich vorhandenen Salze lösen und im Sockelbereich ins Mauerwerk einschwemmen. An der Oberfläche entstehen Salzausblühungen, die eine hohe Sprengkraft entwickeln und Putz oder Anstriche absprengen können. Eine dauerhafte Bekämpfung der Mauersalze ist nur durch eine ausreichende horizontale Isolierung der Mauer gegen das Erdreich möglich. Durch Abklopfen des Putzes und das etwa 2 cm tiefe Auskratzen der Mörtelfugen können meist etwa 90 % der Salze entfernt werden. In vielen Fällen reicht eine vertikale Abdichtung mit geeigneten Putzen, die ein Eindringen von Feuchtigkeit und Salzen verhindern. Sanierputze im Sockelbereich mit hohem Luftporenanteil können Salze ohne Schaden aufnehmen und ermöglichen gleichzeitig ein Austrocknen der Mauer, wenn zusätzlich diffusionsoffene Anstriche gewählt werden.

Feuchtigkeit aus Niederschlägen

Die Belastung der Fassade mit Niederschlägen wird in erster Linie bestimmt durch den Dachüberstand. Die Vergrößerung der Dachüberstände ist möglich, jedoch meist sehr aufwendig. Eine Verbesserung des Feuchtigkeitsschutzes kann vor allem durch wasserabweisende Farben oder Imprägnierungen erreicht werden. Im Sockelbereich belastet Spritzwasser die Fassade, vor allem bei harten Bodenbelägen wie Pflaster. Neben wasserabweisenden Anstrichen kann grobkörniger Rundkornschotter die Spritzwasserbelastung verringern.

Feuchtigkeit aus Dampfdiffusion

3-4 Raumluft und Außenluft enthalten meist unterschiedliche Mengen an Feuchtigkeit in Form von Wasserdampf. Unterschiedliche Luftfeuchtigkeit hat das Bestreben sich auszugleichen. Der Wasserdampf wandert daher durch die Wand, im problematischen Winterhalbjahr von innen nach außen. Wasserdampf kann an besonders kalten Bauteilen wie Betonbauteilen kondensieren und so das Mauerwerk durchfeuchten. Vor allem ältere Gebäude, bei denen Betondecken ungedämmt über das gesamte Mauerwerk ausgeführt wurden, sind von diesem Problem betroffen. Dieser Baufehler kann nur durch ausreichende Außendämmung behoben werden.

Eine Durchfeuchtung findet auch statt, wenn der Wasserdampf nicht schnell genug nach draußen entweichen kann, z. B. wenn sich an der Außenfläche dampfbremsende Stoffe befinden. Dampfbremsende Stoffe sind hier vor allem dampfbremsende Putze wie Zementputze oder dampfbremsende Anstriche wie Dispersionsfarben. Jede Farbschicht erhöht den sogenannten Diffusionswiderstand, also den Widerstand, den die Farbschicht dem Wasserdampfdurchgang entgegensetzt. Sehr viel weniger dampfbremsend sind Silikatanstriche oder auch Dispersions-Silikatanstriche. Besonders wenn sich alte Farbschichten blasenförmig und großflächig lösen, kann Wasserdampf die Ursache sein.

Konstruktiver Holzschutz

5 Holz kann durch dauernde Feuchtigkeitseinwirkung geschädigt oder vollkommen zerstört werden. Bevor man jedoch zu teuren und meist wenig umweltfreundlichen chemischen Holzschutzmitteln greift, muß man konstruktive Maßnahmen ins Auge fassen. Diese Maßnahmen faßt man unter dem Begriff »konstruktiver Holzschutz« zusammen. Hauptziel ist es, daß die Feuchtigkeit möglichst wenig ins Holz eindringt und möglichst schnell abtropfen oder abtrocknen kann. Holz wird daher nie direkt auf eine Außenwand aufgebracht, sondern nur mit einem ausreichenden Abstand, der zur Hinterlüftung dient. Luft muß außerdem von unten hinter die Konstruktion einströmen und oben durch Schlitze wieder austreten können. Das wird möglich durch entsprechend starke Kanthölzer, durch ausgeklinkte

5

oder unterbrochene Lattungen. Weitere wichtige Maßnahmen des konstruktiven Holzschutzes sind:

- Hirnholzflächen müssen durch Abdecken geschützt werden, da hier Feuchtigkeit besonders gut eindringen kann.
- Tropfkanten sorgen für schnelles Abtropfen des Niederschlagwassers.
- Weniger geeignet sind für wasserbelastete Bereiche Nut- und Federverbindungen, weil hier eingedrungene Feuchtigkeit nur langsam wieder austrocknen kann.

Wärme- und Schalldämmung

1

2

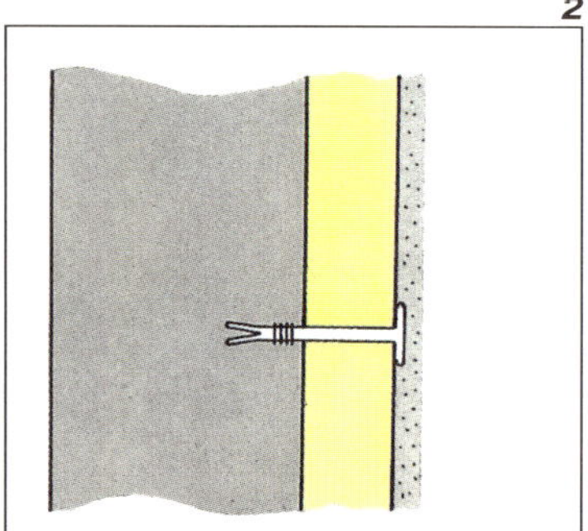
3

Renovierung und Restaurierung von Fassaden können vor allem den Wärmeschutz spürbar verbessern. Dadurch spart man nicht nur Heizkosten, sondern leistet auch einen Beitrag zum Umweltschutz.

Feuchte Wände

1 Feuchtigkeit senkt die Wärmedämmfähigkeit der Außenmauern, der Energieverbrauch steigt deutlich an. Niederschlagsfeuchtigkeit dringt an Rissen oder Stellen mit abgeplatzter Farbe ins Mauerwerk ein. Feuchtigkeit aus dem Erdreich kann vor allem im Sockelbereich zur Durchfeuchtung des gesamten Wandquerschnitts führen. Nicht zuletzt können dampfbremsende oder dampfsperrende Anstriche oder Beschichtungen an der Außenhaut eine Durchfeuchtung bewirken.

Auch an Fenster- und Türanschlüssen kann über Fugen Feuchtigkeit eindringen. Wasserabweisende Farben oder wasserabweisende Imprägnierungen können die Feuchtigkeitsbelastung weiter verringern.

Fassadenbegrünung

2 Eine Fassadenbegrünung kann die Wärmedämmung verbessern, weil sich zwischen Blattwerk und Wandoberfläche stehende Luftschichten bilden, die wärmedämmend wirken. Niederschlagswasser tropft an der Blattoberfläche ab, so daß an der Wand keine Verdunstungskälte entsteht. Auch der Wärmeverlust durch Wind wird vermindert. Geringere Feuchtigkeitsbelastung und Schutz vor zu hohen Temperaturschwankungen führen auch zu einer längeren Haltbarkeit von Putzen und Anstrichen.

Weitergehende Wärmedämmung

3 Soll eine weitergehende Wärmedämmung erreicht werden, müssen aufwendigere Maßnahmen ins Auge gefaßt werden: Dämmputze können in einigen Zentimetern Stärke aufgetragen werden. Eine bessere Dämmung ist durch die Thermohaut möglich, bei der Dämmaterial mit Spezialdübeln an der Wand befestigt, armiert und anschließend verputzt wird. Bei der hinterlüfteten Fassade wird das Dämmaterial mit Holz oder Faserzementplatten verkleidet.

Schalldämmende Maßnahmen

Die Abdichtung von Fugen an Fenstern und Türen, die Fassadenbegrünung sowie Dämmungen aus Mineralfasern wirken schalldämmend.

Umweltschutz

Fassadenarbeiten haben direkt und indirekt in vielerlei Hinsicht mit dem Umweltschutz zu tun. Nicht immer allerdings können alle Gesichtspunkte des Umwelt- und Bautenschutzes unter einen Hut gebracht werden.

Energieeinsparung

Der Energieverbrauch eines Hauses kann durch Renovierungsarbeiten an der Fassade gesenkt werden. Schäden an Anstrichen und Putz führen zur Durchfeuchtung des Mauerwerks und damit zu einer starken Minderung der Dämmfähigkeit. Nicht immer ist diese Durchfeuchtung offen sichtbar. Renovierungsarbeiten können daher den Energieverbrauch eines Hauses spürbar senken, den Verbrauch von Brennstoffen und damit den Ausstoß von Luftschadstoffen und Kohlendioxid verringern.

Auswahl der Materialien

Baustoffe bestehen zum einen aus natürlichen Materialien wie Gesteinen, andererseits sind vielen Baustoffen Kunststoffe beigemischt, die unterschiedliche Funktionen besitzen, z. B. die Eigenschaften verbessern oder die Verarbeitung erleichtern. Viele umweltbewußte Verbraucher vermeiden kunststoffhaltige Produkte, wo dies möglich oder sinnvoll ist, da Kunststoffe aus fossilen Rohstoffen hergestellt werden und sowohl bei der Produktion wie auch bei der Entsorgung die Umwelt belasten. Andererseits können Kunststoffe wie silikonhaltige Imprägnierungen vor Durchfeuchtung schützen und damit zur Energieeinsparung beitragen. Kunststoffhaltige Anstriche sind oft die einzige sinnvolle Alternative auf vorhandenen kunststoffhaltigen Untergründen. Ähnlich differenziert muß man Mittel gegen Moose, Algen und Holzschutzmittel beurteilen. Umweltbewußte Verbraucher werden sie nur dort einsetzen, wo sie wirklich benötigt werden. Konstruktive Maßnahmen oder Imprägnierungen können sie in vielen Fällen überflüssig machen. Werden lösemittelhaltige Produkte eingesetzt, ist die lösemittelärmere Variante auch die umweltschonendere.

Material aufbewahren

Baumaterialien wie Kalke, Zemente oder Farben erfordern zur Herstellung einen hohen Energieaufwand. Ein sparsamer Umgang bedeutet also nicht nur finanzielle Einsparung, sondern auch Umweltschutz. Kalke und Zemente werden am besten möglichst trocken und luftdicht gelagert, z. B. in geschlossenen Farbkübeln. Feuchte Lagerung führt schnell zur Unbrauchbarkeit dieser Materialien. Farbreste werden am besten in kleinere Gefäße umgefüllt, so daß sich möglichst wenig Luft darin befindet. Eine Farbhaut kann vor der erneuten Verwendung vorsichtig abgehoben werden.

Entsorgung

Die bei Fassadenarbeiten anfallenden Mörtel- und Farbreste, unbrauchbar gewordene Kalke, Zemente oder Fertigmörtel sind Bauschutt und sollten je nach den örtlichen Gegebenheiten und anfallender Menge als Bauschutt entsorgt werden. Farbreste dürfen nicht einfach in die Toiletten gekippt werden, weil sie die Kläranlagen stark belasten. Am besten geht man so vor: Nicht mehr brauchbare Farbreste läßt man eintrocknen und entsorgt sie mit dem Bauschutt. Farbbürsten und Farbrollen streicht man gut aus, bevor man sie unter fließendem Wasser reinigt. Stark lösemittelhaltige Produkte, Fungizide und Holzschutzmittel gehören zum Sondermüll.

Sicherheit bei Fassadenarbeiten

Arbeiten an Fassaden können gefährliche Folgen haben, wenn nicht bestimmte Vorsichtsmaßnahmen getroffen werden. Grundsätzlich gilt, daß bei der Verwendung von Maschinen und Apparaten Bedienungsanleitungen und Sicherheitshinweise beachtet werden müssen. Die Gefahrstoffsymbole auf Gebinden (z. B. giftig, gesundheitsschädlich, ätzend, leichtentzündlich) müssen beachtet werden. Insbesondere Mittel zur Bekämpfung von Algen, Moosen oder spezielle Holzschutzmittel können gefährliche Inhaltsstoffe enthalten.

Sicherer Arbeitsplatz

Sichere Arbeitsplätze bei Fassadenarbeiten werden in der Regel nur durch geeignete Gerüste gewährleistet, die in einem eigenen Kapitel dargestellt werden.

Herabfallende Gegenstände

Herabfallende Gegenstände können schwere Verletzungen verursachen. Jeder, der auf einem Gerüst arbeitet, sollte daher besonders achtsam vorgehen. Besondere Aufmerksamkeit gilt herunterfallenden Teilen auch beim Verfahren von Fahrgerüsten. Helfer müssen sich am Boden entweder so bewegen, daß sie von herunterfallenden Teilen nicht getroffen werden können oder sich mit einem Helm schützen.

Hinweisschilder

An öffentlichen Gehsteigen, aber auch im Privatbereich, müssen Passanten vor den Gefahren durch herunterfallende Teile durch Hinweistafeln gewarnt, gegebenenfalls durch Absperrungen geschützt werden.

Hochdruckreiniger

Hochdruckreiniger sind Pumpen mit Elektromotor, die den Wasserdruck aus der Leitung erhöhen, bei Heimwerkergeräten auf etwa 80 bis 120 bar. Größere Geräte, die das Wasser auch erhitzen können, werden als Dampfstrahler bezeichnet. Geeignete Düsen sorgen für die Reinigung, z. B. von Fassaden. Der Hochdruckstrahl kann bei direktem Kontakt schwere Verletzungen hervorrufen. Vor Inbetriebnahme sollten deshalb immer die Sicherheitshinweise der Hersteller gelesen werden. Profigeräte arbeiten zum Teil mit wesentlich höheren Drücken, wodurch sich auch die Verletzungsgefahr vergrößert. Schläuche und Geräte sollten vor Inbetriebnahme auf sichtbare Schäden untersucht werden. Der Hochdruckstrahl darf nie auf Personen gerichtet werden, gegebenenfalls müssen geeignete Schutzbrillen getragen werden. Den meisten Geräten können Reinigungsmittel beigegeben werden, wodurch jedoch die Umwelt belastet werden kann.

Elektrische Anlagen

Elektrisch betriebene Geräte dürfen nur mit geeigneten Kabeln und Steckvorrichtungen betrieben werden, die eventuell spritzwassergeschützt sein müssen.

1 Besonders achten sollte man bei Fassadenarbeiten auf Hochspannungsleitungen, auch bei Reinigungsarbeiten mit dem Hochdruckreiniger. Hochspannungsleitungen können bei Bedarf von den Versorgungsunternehmen mit Gummischläuchen abgedeckt werden. Lichtschalter im Freien sind zwar spritzwassergeschützt, doch können sie dem hohen Wasserdruck von Hochdruckreinigern nicht standhalten, so daß für die jeweiligen Stromkreise die Sicherungen herausgeschraubt werden müssen.

Ätzende Mörtel und Anstriche

Kalk- und Silikatfarben wirken stark alkalisch und führen bei

Hautkontakt zum Austrocknen der Haut. Dies kann durch Eincremen vor der Arbeit weitgehend verhindert werden.

2 Alkalische Farben oder säurehaltige Grundiermittel können die Bindehaut der Augen verätzen. Auch Kalk- und Zementmörtel wirken stark alkalisch und können bei Augenkontakt die Bindehaut verätzen. Spezielle Mörtel können zudem scharfkantige Sande wie Quarzsande enthalten, die die Augen mechanisch verletzen können. Gegebenenfalls sollten daher Schutzbrillen getragen werden, besonders beim Anrühren von alkalischen Farben oder Mörteln. Bei jedem Augenkontakt von ätzenden Materialien oder scharfkörnigen Sanden gilt: Das Auge **sofort mit reichlich sauberem Wasser gründlich ausspülen**, gegebenenfalls anschließend den Arzt aufsuchen.

Lösungsmittel

Lösungsmittel werden in nennenswertem Umfang nur in speziellen Grundierungen eingesetzt. Da diese Grundierungen im Freien verarbeitet werden, sind in der Regel keine gesundheitlichen Belastungen zu erwarten. Im Hinblick auf den Umweltschutz sollte man jedoch immer die lösungsmittelärmere Variante bevorzugen.

Vorsicht: Asbest

Bis etwa Mitte der achtziger Jahre wurden für Fassadenverkleidungen Asbestzementplatten eingesetzt. Sie werden mit der Zeit unansehnlich, verschmutzen, Algen und Moose siedeln sich an. Grundsätzlich können Asbestzementplatten mit einem Anstrich versehen werden. Eine Reinigung mit einem Hochdruckreiniger kann sehr große Mengen an krebserregenden Asbestfasern freisetzen, die zum Teil das Erdreich und nach dem Trocknen die Luft belasten können. Bei allen Arbeiten mit Asbestzementplatten sollte immer eine Beratung von unabhängigen Fachleuten in Anspruch genommen werden.

Versicherungen

Nicht zuletzt sollte der Heimwerker überlegen, ob in seinem Fall eine Versicherung angebracht ist, z. B. eine Bauherrenhaftpflichtversicherung . Mithelfende im Rahmen der Nachbarschaftshilfe kann er z. B. bei der zuständigen Bauberufsgenossenschaft gegen Unfallfolgen versichern.

1

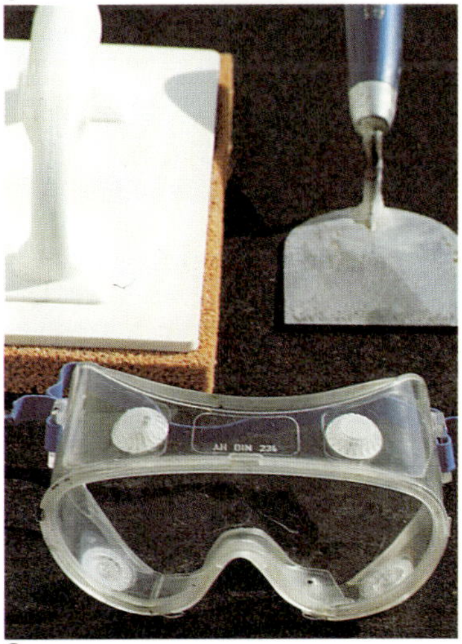

2

Gerüste und Leitern

1

2

3

Für die meisten umfangreicheren Fassadenarbeiten sind Arbeitsgerüste notwendig. Sie haben die Aufgabe, die beschäftigten Personen, die Werkzeuge und die erforderlichen Baustoffe zu tragen. Klein- und Behelfsgerüste können sich für Heimwerker lohnen, die sie öfter nutzen. Größere Gerüste kann man bei speziellen Gerüstverleihfirmen ausleihen, die sie entweder zugleich aufbauen oder zumindest den Aufbau überwachen. Nur der fachgerechte Aufbau, die Beachtung der Sicherheitsregeln und Vorsicht bei den Fassadenarbeiten können Unfälle vermeiden. Wichtig für alle Gerüste ist ein ausreichend tragfähiger Untergrund, der gegebenenfalls durch Unterlegen von Brettern und Bohlen hergestellt werden muß.

Bockgerüst

1 Das Gerüst besteht aus ausreichend stabilen hölzernen oder stählernen Gerüstböcken, auf die die Gerüstbohlen zu liegen kommen. Die Böcke müssen auf sichere Unterlage gestellt werden, sie dürfen nicht ins Erdreich einsinken. Der maximale Abstand der Böcke richtet sich nach der Stärke der Bohlen. Bockgerüste können nur für relativ niedrige Arbeitshöhen eingesetzt werden.

Fahrgerüst

2 Vielfältig einsetzbar für Fassadenarbeiten aller Art sind fahrbare Gerüste unterschiedlicher Höhe und Ausführung. Beim Einsatz von Fahrgerüsten müssen neben Aufbau und Gebrauchsanweisungen insbesondere folgende Verhaltensregeln beachtet werden:

- Die Fahrgerüste dürfen nur langsam bewegt werden.
- Beim Fahren darf sich niemand auf dem Gerüst aufhalten, lose Teile müssen vor dem Herabfallen gesichert werden.
- Bei aufkommendem Sturm oder nach Arbeitsende muß das Gerüst in geeigneter Weise vor dem Umstürzen gesichert werden.
- Das Einsinken der Räder in den Untergrund muß vermieden werden, z. B. durch Unterlegen von tragfähigen Brettern oder Bohlen.

Stahlrohrgerüst

3 Das Gerüst besteht aus untereinander verstrebten Stahlrohren. Es muß je nach Arbeitshöhe und Konstruktion meist mit geeigneten Dübeln am Mauerwerk befestigt werden. Der Aufbau oder zumindest die Überwachung des Aufbaus von Stahlrohrgerüsten sollte der Verleihfirma überlassen werden.

Bohlen für Gerüste

Für die jeweiligen Gerüste müssen die geeigneten Bohlen verwendet werden. Die zulässige Stützweite von Bohlen richtet sich nach der zu erwartenden Belastung, nach der Bohlenbreite und insbesondere nach der Bohlenstärke. Die Bohlenbreite beträgt meist 20 bis 30 cm, die Bohlenstärke sollte zwischen 4 und 5 cm betragen. Es sollten immer mehrere Bohlen parallel verlegt werden – eine Breite von mindestens 50 cm sorgt für sicheren Stand. Die Bohlen müssen gegen Wippen und Abrutschen gesichert werden. Vor dem Verlegen oder Begehen müssen die Bohlen auf Beschädigungen geprüft werden. Sie sollten keine Äste enthalten.

Hublifte

An allen Stellen, an denen man mit Gerüsten nur schlecht arbeiten kann, können entsprechende Hublifte bzw. Hubarbeitsbühnen eingesetzt werden.

Leitern

4 Anlegeleitern müssen mit Wangen oder Holmen auf tragfähigem Untergrund aufgestellt und an sichere Stützpunkte angelegt werden. Der richtige Anstellwinkel liegt zwischen 68 und 75 ° und kann durch geeignetes Ausstrecken des Oberarms ermittelt werden. Anlegeleitern sollten nicht bei umfangreicheren Arbeiten an Fassaden eingesetzt werden, z. B. bei Fassadenanstrichen. Die Sicherheit ist im wesentlichen vom Verhalten des Benutzers abhängig: So darf er sich nicht zu weit seitlich hinausbeugen und er sollte nur leichtes Handwerkszeug und geringe Materialmengen mit sich führen.

5 Herkömmliche Mehrzweckleitern können mit Bausätzen in eine Arbeitsbühne mit Laufsteg und Geländer umgebaut werden.

Besondere Gefahren

6 Die Bohlen sollten in der Mitte nicht zu stark belastet werden. Zu große Materialmengen sollten ohnehin nicht auf Gerüsten gelagert werden. Bohlen müssen so aufgelegt werden, daß sie bei unvorhergesehener Belastung an den Enden nicht wippen. Die Bohlen können durch Anlaschen von Brettstücken auch vor dem seitlichen Abrutschen gesichert werden.

4

5

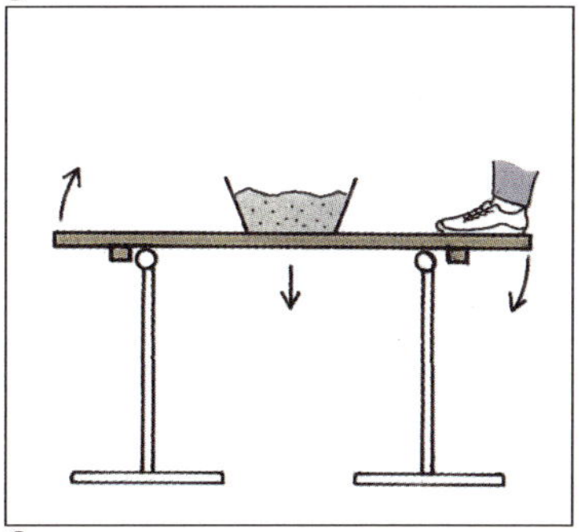

6

Arbeitsplanung

Fassadenarbeiten sollten so geplant werden, daß möglichst alle Voraussetzungen für das Gelingen der Arbeit erfüllt werden. Falsche Planung kann zu schlechten Ergebnissen, zu unnötigen Kosten, zu Zeitdruck und damit auch zu Unfallgefahr führen.

Arbeitsablauf im Überblick

Zuerst wird man sich rechtzeitig erkundigen, ob die geplante Maßnahme genehmigungspflichtig ist bzw. welche Auflagen zu erwarten sind. Fassaden müssen in der Regel zuerst gereinigt werden. Werden dazu Hochdruckreinigungsgeräte verwendet, sollte das Mauerwerk Gelegenheit haben, die gröbste Feuchtigkeit abzugeben, bevor Ausbesserungsarbeiten an den Putzoberflächen durchgeführt werden. Der Untergrund sollte vor dem Auftrag von Grundierungen oder Anstrichen trocken sein – bei größeren Putzreparaturen sollte der frische Putz daher etwa 3 Tage abbinden können. Grundierungen, Vor- und Armierungsanstriche müssen nach Herstellerangaben abbinden bzw. austrocknen, bevor der nächste Auftrag erfolgt, in vielen Fällen pro Arbeitsgang etwa einen Tag. Bei nasser und kalter Witterung können die jeweiligen Wartezeiten zum Teil deutlich länger sein. Benötigt man zur Arbeit ein Gerüst, muß man die nötige Arbeitszeit abschätzen und das Gerüst rechtzeitig vorbestellen.

Witterung

Fassadenarbeiten dürfen nicht bei Frostgefahr ausgeführt werden. Eine Mindestaußentemperatur von 5 °C wird in der Regel empfohlen, damit Putz und Farbe abbinden bzw. trocknen können. Grundsätzlich sind die Monate November bis März für Fassadenarbeiten ungünstig, weil auch die Austrocknung nur sehr langsam vor sich geht. Regen kann Bindemittel aus frischem Putz auswaschen, so daß er keine genügende Bindekraft mehr erreicht, und Farbe von der Fassade abwaschen.
Wird man vom Regen überrascht, so sollte man die Arbeitsflächen mit Folien abdecken, so gut es geht. Die Arbeit sollte im Tagesverlauf so geplant werden, daß Putz- und Farbaufträge möglichst nicht auf von der prallen Sonne aufgeheizten Flächen erfolgen. Mörtel und Farben verlieren hier schnell Feuchtigkeit, bekommen Risse und haften schlecht am Untergrund.

Behinderung des Verkehrs

Machen es Fassadenarbeiten erforderlich, daß öffentliche Wege oder Gehsteige benutzt werden müssen, so muß rechtzeitig ein entsprechender Antrag bei den zuständigen Behörden gestellt werden. Gegebenenfalls müssen Warnschilder aufgestellt und der Fußgängerverkehr umgeleitet werden.

Hochspannungsleitungen

Kommt man bei Fassadenarbeiten in eine gefährliche Nähe zu Hochspannungsleitungen, muß rechtzeitig das Versorgungsunternehmen verständigt werden. Hochspannungsleitungen können mit entsprechenden Schutzschläuchen versehen werden, die bei einer ungewollten Berührung schützen.

Versicherungen

Geklärt werden sollte auch rechtzeitig, inwieweit Versicherungen abgeschlossen werden sollen. Privat-Haftpflichtversicherungen dekken Schäden möglicherweise in gewissem Umfang ab. Andererseits gibt es für wenig Geld Bauherrenhaftpflichtversicherungen. Helfer im Rahmen der Nachbarschaftshilfe sollten entweder privat oder bei der Bauberufsgenossenschaft unfallversichert werden.

Mörtel und Spachtelmassen

Mörtel sind Mischungen aus Bindemitteln, Zuschlagstoffen und Wasser, denen gegebenenfalls Zusätze beigegeben werden, damit sie besser verarbeitet werden können oder bestimmte Zusatzeigenschaften bekommen. Die Bindemittel gehen beim Abbinden durch unterschiedliche physikalische und chemische Vorgänge in einen steinähnlichen Zustand über. Grundsätzlich unterscheidet man zwischen Mauer-, Putz- und Estrichmörteln.

Mineralische Putze

Für Arbeiten an Fassaden stehen die Putzmörtel im Vordergrund. Unter mineralischen Putzen versteht man Putzmörtel mit keinem oder nur geringem Anteil an Kunststoffen, Kunstharzputze enthalten dagegen je nach Mörtel bis zu 30 % Kunststoffzusätze, die ähnlich zusammengesetzt sind wie bei Kunststoff-Dispersionsfarben. Für kleinere Ausbesserungsarbeiten empfehlen sich geeignete Spachtelmassen. Während mineralische Putze und Spachtelmassen praktisch mit allen Farben überstreichbar sind, können Kunstharzputze oder entsprechende Spachtelmassen in der Regel nicht mit Kalk- oder reinen Silikatfarben überstrichen werden.

Bestandteile von Mörteln

1 Hauptbestandteil der Mörtel ist der Zuschlagstoff **Sand**. Für herkömmliche Mörtel wird Sand bis zu einem maximalen Korndurchmesser bis zu 3 bzw. 7 mm verwendet. Dabei kann man nicht irgendeinen Sand verwenden, der Sand muß ausdrücklich für diesen Zweck geeignet sein. Geeignete Sande besitzen eine bestimmte Sieblinie, d. h. sie enthalten jeweils eine bestimmte Kornzusammensetzung, die einen hohlraumarmen und ausreichend festen Mörtel garantiert. Spezialmörtel wie Fertigmörtel können Sande anderer Körnung enthalten. Feinputzmörtel enthält nur Sand mit einem Korndurchmesser bis zu 1 mm.

2 Als Bindemittel werden unterschiedliche **Kalke** und **Zemente** verwendet. Grundbestandteil aller **Kalke** ist bei hohen Temperaturen gebrannter Kalkstein, der durch Zugabe von Wasser in feine Bestandteile zerfällt. Je nach Verarbeitung entstehen so Luftkalke wie der pastöse Sumpfkalk und pulverförmige Kalke. Luftkalke erhärten nur an der Luft, indem sie sich mit dem in der Luft enthaltenen Kohlendioxid verbinden. Sie dürfen daher bis zu ihrer Erhärtung nicht

1

2

3

mit weitgehend luftdichten Stoffen wie Dispersionsfarben abgedeckt werden. Die Aushärtung kann einige Wochen dauern. Auch Wasserkalke, hydraulische und hochhydraulische Kalke benötigen Kohlendioxid der Luft zur Aushärtung, jedoch nur eine vergleichsweise kurze Zeitdauer, denn sie enthalten außer Kalk noch Quarz, Tonerde und Eisenoxide. Diese Stoffe härten mit Wasser aus und werden daher als hydraulische Stoffe bezeichnet.
Wasserkalke enthalten einen geringen Anteil, hydraulische einen mäßigen, hochhydraulische Kalke einen hohen Anteil an hydraulischen Stoffen. Mörtel aus hochhydraulischen Kalken können daher schon nach etwa drei Tagen mit Kunststoffdispersionen überstrichen werden. Alle diese Kalke sind pulverförmig in Säcken erhältlich.

Ähnlich aufgebaut wie die wasserhärtbaren Kalke sind die sogenannten **Putz- und Mauerbinder**, die wie hochhydraulische Kalke eingesetzt werden können. Nicht zuletzt wird für Fassadenarbeiten **Zement** verwendet, ein hydraulisches Bindemittel. Für den Heimwerker am besten geeignet ist Portlandzement.

Alle Bindemittel müssen trocken gelagert werden. Insbesondere Zement reagiert sehr schnell mit Luftfeuchtigkeit. Nachdem die Säcke geöffnet sind, sollte der Inhalt bald verbraucht werden. Reste können z. B. einige Zeit weitgehend luftdicht in Farbeimern aufbewahrt werden. Grundsätzlich gilt: Bröckelige Kalke oder Zemente sind zum Anmischen von Mörtel nicht mehr geeignet.

Als **Wasser** ist nur Wasser geeignet, das keine Verunreinigungen enthält, am besten verwendet man Leitungswasser. Die Wasserzugabe richtet sich nach der gewünschten Konsistenz des Putzmörtels.

Empfehlung für den Heimwerker
Für den Heimwerker empfehlen sich hochhydraulische Kalke oder Putz- und Mauerbinder, Portlandzement oder spezielle Fertigmörtel.

Eigenschaften der Mörtel
Mörtel werden meist nach den Bindemitteln bezeichnet, die in ihnen enthalten sind. So gibt es Kalkmörtel, Kalkzementmörtel und Zementmörtel. Diese Mörtelarten besitzen unterschiedliche Eigenschaften und werden daher in unterschiedlichen Bereichen eingesetzt. **Kalkmörtel** ist von allen Mörteln der weichste Mörtel. Er kann ungeschützt vergleichsweise viel Feuchtigkeit aufnehmen und ist andererseits gut wasserdampfdurchlässig. Deutlich härter werden **Kalkmörtel aus hochhydraulischen Kalken** sowie aus **Putz- und Mauerbindern**. Sie besitzen weniger Hohlräume und können daher weniger Wasser aufnehmen. Sie sind aber in der Regel ausreichend wasserdampfdurchlässig und werden daher vor allem für Außenputze eingesetzt. Diesen Mörteln gleichwertig sind **Kalkzementmörtel,** bei denen als Bindemittel sowohl Kalk wie Zement verwendet wird.
Reine **Zementmörtel** werden sehr hart, sie nehmen wenig Feuchtigkeit auf, trocknen andererseits aber auch nur langsam aus. Sie sind spröde, können keine Rißspannungen aufnehmen und sind wenig wasserdampfdurchlässig. Sie werden vor allem für Putze im Erd- und Sockelbereich verwendet.
Putzmörtel werden nach den Bindemitteln in **Mörtelgruppen** eingeteilt. So bezeichnen die Mörtelgruppen: P Ia Luftkalkmörtel, P Ib

Wasserkalkmörtel, P Ic Mörtel aus hydraulischen Kalken, P II Mörtel aus hochhydraulischen Kalken, Putz- und Mauerbindern sowie Kalkzementmörtel, P III Zementmörtel, P Org 1 Beschichtungsstoffe mit organischen Bindemitteln für Außen- und Innenputze (Kunststoffputze).

Einsatzgebiete von Mörteln

Für Außenputze, die der Witterung ausgesetzt sind, werden heute in der Regel Putze der Mörtelgruppe P II verwendet. Mit diesen Mörteln können Putzflächen auch ausgebessert werden. Für Putze im Sockelbereich werden meist Zementputze, für Putze unter der Erdoberfläche Zementputze mit zusätzlicher Abdichtung durch Dichtungsschlämme oder bituminöse Anstriche verwendet. Bis vor einigen Jahrzehnten wurden Außenputze wie alle Mörtel aus eingesumpften Kalken (Luftkalken) hergestellt.

Herkömmliche Putzmörtel

3 Putzmörtel in geringer Menge werden mit der Hand oder dem Mörtelquirl angerührt. Das Mischen erfolgt nach Raumteilen, die entweder mit der Kelle oder mit der Schaufel abgemessen werden.

Fertigmörtel

4 Fertigmörtel sind fertige Mörtelmischungen, die man in Säcken geliefert bekommt und nur noch mit Wasser anrühren muß. Sie werden auch als Werktrockenmörtel bezeichnet. Sie können die Arbeit des Heimwerkers sehr erleichtern, weil nicht Zuschlagstoffe und Bindemittel eingekauft und gelagert werden müssen. Fertigputze gibt es als mineralische Putze für alle Putzmörtel, so als Kalk-, Kalkzement- oder Zementmörtel. Angeboten werden auch universell verwendbare Mischungen, die sowohl zum Mauern als auch zum Verputzen eingesetzt werden können. Häufig sind diese Fertigmörtel kunststoffvergütet. Fertigmörtel mit höherem Anteil an Kunststoffen werden Kunstharzmörtelputze genannt. Sie enthalten Kunststoffzusätze und lassen sich auch in geringerer Schichtstärke, zum Teil auch einlagig verarbeiten. Sie lassen sich mit der Glättkelle (Traufel) auf die Wand aufbringen und unterschiedlich strukturieren. Hersteller liefern für heimwerkergeeignete Putze Verarbeitungsanleitungen.

5 Auch Feinputzmörtel für Außenflächen gibt es als fertig gemischten Mörtel.

4

5

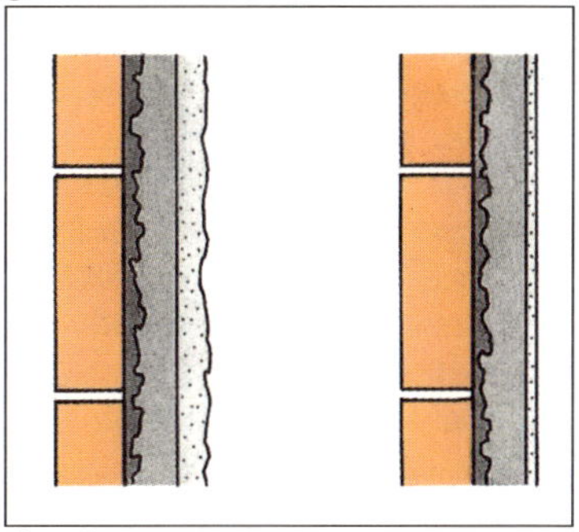
6

Aufbau der Putzhaut

6 Herkömmliche Verputze auf Mauerwerk bestehen in der Regel aus drei Schichten: dem Spritzbewurf, dem Unterputz und dem Oberputz. Der Spritzbewurf ist ein vergleichsweise dünnflüssiger Mörtel, der dünn direkt auf das Mauerwerk aufgetragen wird. Er sorgt für eine ausreichende Haftung des Unterputzes.

Der Unterputz wird meist in einer Dicke von etwa 1 bis 2 cm aufgetragen. Meist bekommt der Unterputz noch eine Beschichtung mit einem Oberputz, der die Schutzwirkung verstärkt, vor allem aber dekorativen Zwecken dient. Vor allem an Fenster- und Türlaibungen wird der Unterputz nur mit einer dünnen Feinputzschicht versehen.

Als **Grundregel** für den Aufbau von Putzen gilt: Die Härte von Mörteln soll vom Spritzbewurf bis zum Oberputz abnehmen, auf keinen Fall aber zunehmen. Ungeeignet ist also in jedem Fall ein Zementputz auf einem herkömmlichen Kalkputz. Hier besteht durch die unterschiedlichen Eigenschaften die Gefahr, daß der auf weicherem Untergrund aufgebrachte Putz abgestoßen wird.

Für Ausbesserungsarbeiten an Fassaden eignen sich Fertigmörtel oder selbstgemischte Mörtel. **Unterputz** aus Fertigmörtel der Mörtelgruppe P II oder aus: 1 Raumteil hochhydraulischem Kalk oder Putz- und Mauerbinder und 3 Raumteilen Sand. **Oberputz** aus der gleichen Mischung, er darf jedoch auf keinen Fall mehr Bindemittel enthalten. **Feinputz** (z. B. für Fensterlaibungen) als Fertigputz oder aus der gleichen Mischung, aber aus feinem bzw. gesiebtem Sand bis 1 mm Korndurchmesser. **Sockelputz** als Fertigputz der Mörtelgruppe P III oder aus: 1 Raumteil Zement und 3 Raumteilen Sand. Feinputz aus feinem Sand im gleichen Mischungsverhältnis.

Mauermörtel

Mauermörtel wird bei Fassadenarbeiten z. B. beim Austausch von verwitterten Mauersteinen verwendet. Als übliche Mischung für den Heimwerker kann empfohlen werden: 1 Raumteil hochhydraulischer Kalk oder PM-Binder und 3 Raumteile Sand und Wasser. Daneben gibt es auch Mauermörtel als Fertigmörtel, ebenso Universalmörtel, die zum Mauern und Putzen verwendet werden können.

Spezialmörtel

7 Es gibt eine Vielzahl von sogenannten **Edelputzen**, die entweder einlagig aufgebracht oder als Oberputz aufgetragen werden. Bekannt sind z. B. der Kratzputz, der kurz vor dem Erhärten mit einer Nagelbürste strukturiert wird, und zahlreiche kunststoffhaltige Putze wie Reibeputze. Zur Ausbesserung dieser Putze benötigt man einen Fertigmörtel, der dem ursprünglichen möglichst ähnlich ist.

8 Zum Verfugen von Sichtmauerwerk oder Verblendern wird **Fugenmörtel** eingesetzt. Es handelt sich dabei um einen Zementmörtel, der vergleichsweise steif, d. h. trocken ist und mit der Fugenkelle eingebracht wird. Es gibt fertige Fugenmörtel, eine Mischung ist im Verhältnis 1 Raumteil Zement mit 3 Raumteilen Sand möglich. Der Sand sollte etwas feinkörniger sein, so läßt sich der Mörtel leichter verarbeiten. Farbnuancen kann man durch die Verwendung von weißem Zement bzw. einer Mischung zwischen normalem und weißem Zement erzielen. Im Handel sind auch eingefärbte Fugenmörtel in verschiedenen Farbtönen erhältlich.

Sperrputze sind wassersperrende Putze auf Zementbasis, die zum Beispiel zum Feuchtigkeitsschutz unter Erdreich eingesetzt werden und als Fertigmörtel bezogen werden müssen.

Sanierputze nennt man eine Reihe von Spezialputzen mit unterschiedlichen Einsatzzwecken. Im Bereich der Fassaden dienen sie vor allem zur Sanierung von Putzflächen, die im Sockelbereich durch Feuchtigkeit und Mauersalze geschädigt sind. Sie besitzen ein hohes Porenvolumen und können dadurch neu auskristallisierende Salze aufnehmen, ohne daß die Putzoberfläche abgesprengt wird. Wegen der hohen Porosität kann die im Mauerwerk noch vorhandene Feuchtigkeit leicht verdunsten. Sanierputze sind vor allem sinnvoll in Verbindung mit feuchtigkeitsschützenden Maßnahmen im Erdbereich.

Reparaturmörtel mit speziellen Eigenschaften kann man sich in geringer Menge aus Klebern und Zuschlagstoffen auch selbst anmischen. Diese Mörtel können dort eingesetzt werden, wo herkömmlicher Mörtel nicht gut genug am Untergrund haftet, z. B. an ausgebrochenen Mauerecken, oder nicht geeignet ist, z. B. an ausgebrochenen Treppenstufen. Dazu Näheres auf den Seiten 44 und 45.

Spachtelmassen

9 Für kleinere Ausbesserungsarbeiten an der Fassade werden auch Spachtelmassen angeboten, die in diesem Fall speziell für den Außenbereich sein müssen. Sie werden nach Herstellerangaben angerührt und verarbeitet. Dabei gibt es Spachtelmassen, die sich für Ausbesserungen von Putzoberflächen eignen, oder aber spezielle Betonspachtelmassen, die zur Ausbesserung von Betonoberflächen eingesetzt werden können.

Dichtungsschlämmen

Sie sind auf Zementbasis aufgebaut und enthalten Feinsande und Dichtungsmittel. Sie dienen der vertikalen Abdichtung von Bauwerken, z. B. zum Schutz gegen Bodenfeuchtigkeit oder Grundwasser, und benötigen als Untergrund einen geeigneten Putz. Neben Dichtungsschlämmen werden zum gleichen Zweck zahlreiche bituminöse Anstriche und Massen angeboten. Für die Verarbeitung gelten die jeweiligen Angaben der Hersteller.

7

8

9

Anstrichmittel

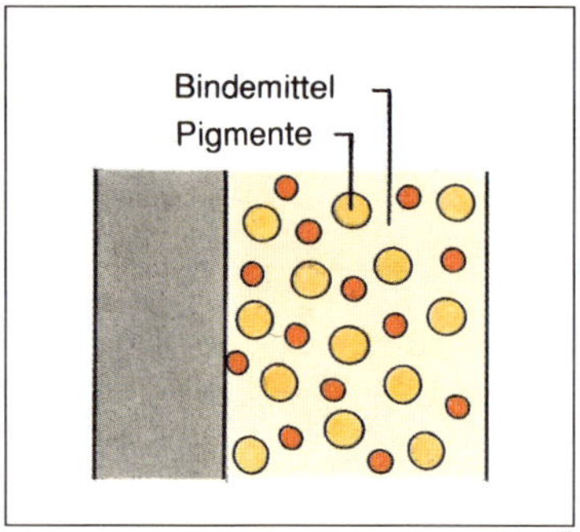

1

Unter Anstrichmitteln oder Anstrichstoffen versteht man flüssige, pasten- oder pulverförmige Stoffe zur Beschichtung eines Untergrunds. **Beschichtung** ist der Überbegriff für alle Schutzschichten auf beliebigen Untergründen. Unter **Anstrichen** versteht man Beschichtungen, die durch handwerkliche Verfahren hergestellt werden. Unter **Farben** versteht man im allgemeinen Sprachgebrauch häufig deckende Anstrichmittel für Wände und Decken. **Mineralfarben** sind Farben mit den mineralischen Bindemitteln Kalk, Zement oder Silikat. **Naturfarben** bestehen ganz oder zumindest zum großen Teil aus natürlichen Stoffen, die nicht oder doch vergleichsweise wenig chemisch weiterverarbeitet wurden. Der Wahl eines geeigneten Anstrichmittels kommt bei Fassadenrenovierungen eine entscheidende Bedeutung zu. Im folgenden werden nur Anstrichmittel dargestellt, die für Fassadenanstriche geeignet und gebräuchlich sind.

Bestandteile von Anstrichmitteln

1 Anstrichmittel sind Mischungen aus Bindemitteln, Pigmenten, Lösemitteln und Zusatzstoffen. Die **Bindemittel** halten die Anstrichstoffe zusammen und bestimmen weitgehend die Eigenschaften der Anstriche. Nach den Bindemitteln werden auch die einzelnen Farben benannt. Neben den mineralischen Bindemitteln wie Kalk und Silikat werden organische Bindemittel aus verschiedenen Kunststoffen verwendet.

2 Die ***Pigmente*** verleihen einem Anstrich die gewünschte Farbe. Es handelt sich dabei um Pulver oder Abtönpasten. Es gibt Pigmente bzw. Pigmentmischungen, die nur für bestimmte Farben geeignet sind, z. B. nur für Kalk- oder Silikatfarben, aber auch Universalabtönfarben. Hersteller von Anstrichmitteln geben auf Gebinden und Merkblättern Hinweise über die jeweils geeigneten Abtönfarben. Pigmente kann man nach unterschiedlichen Kriterien einteilen. Anorganische Pigmente stammen aus der unbelebten Natur: Erdpigmente sind natürliche Mineralfarben, die in der Erde fertig vorkommen. Bekannt sind z. B. Kreide als weißes Erdpigment oder Ocker als mit Eisenoxidhydrat gefärbter Ton. Mineralpigmente entstammen ebenfalls der unbelebten Natur, werden jedoch chemisch weiterverarbeitet. Am bekanntesten ist das Weißpigment Titandioxid. Zum Teil enthalten diese Pigmente Schwermetalle wie Bleiweiß oder Kadmiumgelb. Organische Pigmente entstammen aus der belebten Natur. Tier- und Pflanzenpigmente bzw. -farbstoffe wie Karmin, Purpur, Krapp oder Indigo werden für Fassadenfarben nicht verwendet, da sie schlecht decken und nicht ausreichend lichtbeständig sind. Daneben werden zu den organischen Pigmenten kohlenstoffhaltige Verbindungen wie Teerpigmente, aber auch Ruß gerechnet. Damit man Anstrichstoffe verarbeiten kann, müssen die Bindemittel in Flüssigkeiten gelöst werden. Diese Flüssigkeiten werden als **Lösemittel** bezeichnet. Lösemittel verdunsten nach dem Aufbringen des Anstrichs und lassen Bindemittel und Pigmente zurück. Das umweltfreundlichste Lösemittel ist Wasser. Es hat heute die chemischen Lösemittel aus vielen Bereichen der Anstrichtechnik verdrängt. Fassadenfarben enthalten daher häufig entweder nur noch Wasser als Lösemittel oder nur noch geringe Mengen an chemischen, den sogenannten organischen Lösemitteln. Da im allgemeinen Sprachgebrauch unter Lösemitteln meist nur organische Lösungsmittel verstanden werden, bezeichnet man Produkte auf Wasserbasis auch als lösemittelfreie Stoffe.

2

Kalkfarben

Kalke werden aus Kalkstein gebrannt und anschließend weiterverarbeitet. Kalkfarben trocknen matt auf, ein deckender Auftrag erfordert bei reinen Kalkfarben mehrere Anstriche. Kalkfarben werden heute im Außenbereich nur noch in Form veredelter Fertigmischungen eingesetzt, da der durch die Luftverschmutzung entstehende saure Regen herkömmliche Kalkanstriche schädigt. Kalkfarben sind geeignet für Anstriche auf Kalk-, Kalkzement- und Zementputzen, jedoch nicht auf alten Silikat- oder Dispersionsfarben. Ähnliche Eigenschaften wie Kalkfarben besitzen Zementfarben. Ausgangsbasis für diese Farben ist heller Zement.

Kunststoff-Dispersionsfarben

3 Kunststoff-Dispersionen bestehen aus fein verteilten Kunststoffteilchen in Wasser. Kunststoff-Dispersionsfarben (kurz meist Dispersionsfarben oder KD-Farben) sind die heute am häufigsten verwendeten Farben für Fassadenanstriche. Die Dispersionen enthalten je nach Einsatzzweck verschiedene Bindemittel und Zusatzstoffe, z. B. fungizide Wirkstoffe oder Konservierungsstoffe. Dispersionsfarben werden weiß pigmentiert geliefert und müssen zur Verarbeitung nur noch mit Wasser verdünnt werden. Kunststoffdispersionen reagieren nicht mit dem Untergrund, sind wenig porös und werden daher als **filmbildende Anstriche** bezeichnet. Kunststoffdispersionen sind praktisch für alle Untergründe geeignet: für Putze aller Art und auf allen Altanstrichen. Kunststoffdispersionen können je nach Zusammenset-

3

4

zung einen hohen Diffusionswiderstand besitzen, d. h. den Wasserdampfdurchgang aus dem Innern des Hauses bremsen. Mehrere Beschichtungen aus Dispersionen können so stark dampfbremsend wirken, daß das Mauerwerk durchfeuchtet. Besteht diese Gefahr, sollte man auf Produkte mit niedrigem Diffusionswiderstand oder auf dampfdurchlässigere Farben auf Silikatbasis zurückgreifen.

Silikatfarben

4 Namengebend für die Silikatfarben ist Silizium, das zweithäufigste Element der Erdkruste, das z. B. in Quarzsand vorkommt. Bindemittel für Silikatfarben ist Kaliwasserglas (Silikat), das aus Quarzsand und Pottasche im Schmelzprozeß hergestellt wird und danach unter Hitze und Druck in Wasser löslich ist. Da Silikat ähnlich wie Glas zusammengesetzt, in Wasser löslich ist und glasartig auftrocknet, werden Silikatfarben auch als Wasserglasfarben bezeichnet. Reine Silikatfarben bestehen aus zwei Komponenten, dem Fixativ (Bindemittel Kaliwasserglas) und dem Farbpulver. Das Farbpulver wird am Tag vor dem Anstrich in Fixativ eingesumpft und kann erst dann zum gewünschten Farbton angemischt werden.

Silikatfarben sind sehr widerstandsfähig gegen äußere Einflüsse, mikroporös und gut wasserdampfdurchlässig. Sie wirken ätzend, so daß sie mit Vorsicht verarbeitet werden müssen. Augen und Haut müssen vor Spritzern geschützt werden. Farbspritzer können auf Glas und Keramik Ätzspuren hinterlassen. Diese Materialien müssen daher abgedeckt werden. Silikatfarben sind geeignet für alle mineralischen Untergründe wie Kalk- und Zementputze, auf Beton, Ziegel und Kalksandstein, auf alten Kalk- und Silikatanstrichen, nicht jedoch auf Farbschichten aus Kunststoffdispersionen. Das Einsumpfen des Farbpulvers und das Anmischen der Farbe erfordert Erfahrung und ist daher für den Heimwerker weniger geeignet.

Dispersions-Silikatfarben

Diese Farben werden als Einkomponentenfarbe angeboten, d. h. sie sind weiß pigmentiert und streichfertig vorgemischt, was ihre Verarbeitung für den Heimwerker sehr erleichtert. Es wird ihnen dazu bis zu 5 Gewichtsprozent Kunststoffdispersion beigegeben. Sie werden ähnlich wie Dispersionsfarben mit Abtönfarben angerührt. Neben Kalk- und Zementputzen sowie alten Kalk- und Silikatanstrichen eignen sich diese Farben zum Teil auch für alte Untergründe aus Kunststoff-Dispersionsfarben. Allerdings sind auch diese Farben ätzend, man muß deshalb dieselben Vorsichtsregeln wie bei Silikatfarben beachten.

Silikonharzfarben

Silikonharzfarben werden auf der Basis von Silikonen mit organischen Lösemitteln oder auf Wasserbasis hergestellt. Silikonharzfarben besitzen eine gute Wasserdampfdurchlässigkeit, andererseits aber sind sie wasserabweisend. Silikonharzfarben sind geeignet auf allen mineralischen Untergründen sowie auf allen festen Altanstrichen.

Wasserabweisende Anstriche

Zum besseren Schutz von Fassaden oder Fassadenteilen setzt man hydrophobierende (das sind wasserabweisende) Anstriche ein. Die wasserabweisenden Mittel, die meist auf der Basis von Silikonharzen beruhen, werden entweder dem Anstrichstoff beigegeben oder als eigener farbloser Anstrich aufgebracht.
Farblose wasserabweisende Imprägnierungen werden bei Sichtmauerwerk wie Ziegel-, Klinker oder Kalksandsteinfassaden, zum Schutz von Natursteinen, aber auch zum zusätzlichen Feuchtigkeitsschutz herkömmlicher Anstriche verwendet. Vor allem in feuchtigkeitsbelasteten Bereichen wie an Mauersockeln können sie Durchfeuchtung verhindern.

5

Farbmischsysteme

5 Farbmischanlagen können jeden gewünschten Farbton mischen, indem die Grundfarben nach Gewichtsanteilen miteinander gemischt werden. Ist das Mischungsverhältnis bekannt, kann man jeden Farbton erneut anmischen, z. B. dann, wenn die Farbmenge nicht ausreicht. Zur Farbauswahl gibt es Abtönkarten.

Materialbedarf

Der Farbbedarf für Fassadenanstriche ist für den Heimwerker nur schwer abschätzbar. Er hängt von mehreren Faktoren ab, zum Beispiel der Menge des Farbauftrags – Untergründe mit kräftigen Farben benötigen einen höheren Farbauftrag –, aber auch von der Oberflächenstruktur – rauhe Untergründe benötigen mehr Farbe als glatte. Herstellerangaben können allenfalls eine grobe Richtlinie sein. Es empfiehlt sich daher, die Farbe im Farbengeschäft in einem bestimmten Mischungsverhältnis mischen zu lassen, so daß der gewünschte Farbton bei Bedarf jederzeit nachgemischt werden kann.

Alte Farbschichten erkennen

Da sich nicht jede Farbe mit dem Altanstrich verträgt, muß in der Regel das Bindemittel des Altanstrichs bekannt sein. Nicht immer ist eine eindeutige Zuordnung möglich, da es zahlreiche Kombinationsmöglichkeiten der Bindemittel untereinander gibt. Kalkanstriche wirken in der Oberfläche matt, kreiden möglicherweise etwas ab, saugen Wasser auf und färben sich dabei dunkel. Silikatfarben sind ebenfalls matt, saugen Wasser auf und färben sich dabei dunkel, wenn sie nicht wasserabweisend imprägniert sind. Dispersionsfarben sind häufig leicht bis stark glänzend, saugen kaum Feuchtigkeit auf und färben sich daher in der Regel auch nicht dunkel.

Alte Anstriche entfernen

Alte, lockere Farbschichten können mechanisch mit Drahtbürsten oder mit Hochdruckreinigern entfernt werden. Sollen noch festsitzende kunststoffhaltige Farben entfernt werden, z. B. wenn man auf ein mineralisches Anstrichsystem umstellen will, muß man spezielle Abbeizer einsetzen. Die Farbe wird angelöst und anschließend mit Wasser abgewaschen – eine Sache für den Fachmann.

Grundregeln für den Anstrichaufbau

Es sind jeweils folgende Anstriche auf Putzen oder Altanstrichen bei geeigneter Untergrundvorbehandlung möglich. Die Herstellerangaben sind jedoch jeweils zu beachten. **Mineralische Putze:** Anstriche sind mit allen Farbsystemen möglich. Altanstrich **Kalkfarben:** Geeignet für Anstriche sind alle Anstrichsysteme. Altanstrich **Dispersionsfarben:** Geeignet für Anstriche sind wieder Dispersionsfarben, Silikonharzfarben, gegebenenfalls Dispersions-Silikatfarben. Ungeeignet sind Kalk- und Silikatanstriche. Altanstrich **Silikatfarben:** Geeignet für Anstriche sind alle Anstrichsysteme mit Ausnahme von Kalkfarben. Altanstrich **Dispersions-Silikatfarbe:** Geeignet sind alle Anstrichsysteme mit Ausnahme von reinen Silikat- und Kalkfarben. Altanstrich **Silikonharzfarbe:** Geeignet sind Dispersionsfarben und Farben auf Silikonharzbasis.

Fassadenbeschichtungen können aus mehreren Einzelschichten bestehen, daneben gibt es sogenannte Einschichtsysteme, mit denen sich eine hohe Schichtdicke erreichen läßt, z. B. Dispersionsanstriche. Die Zahl der Arbeitsgänge richtet sich vor allem nach der Beschaffenheit des Untergrunds und der aufzubringenden Farbe. Hersteller geben auf den Technischen Merkblättern genaue Verarbeitungshinweise. Eine **Vorbehandlung** sorgt für eine Verbesserung des Untergrunds. So können Mittel zur Putzverfestigung, zur Algen- und Moosbekämpfung als Vorbehandlung nötig sein. **Grundierungen** sind bereits Teil des Anstrichaufbaus. Sie haben je nach Untergrund verschiedene Funktionen: Sie können die Saugfähigkeit von stark saugenden Untergründen herabsetzen oder auf schwierigen Untergründen eine Haftbrücke bilden und so für eine bessere Haftung des Anstrichs sorgen. Sie können gleichzeitig schon die Funktion eines Zwischenanstrichs haben, z. B. wenn mit verdünnter Farbe vorgestrichen wird. In manchen Fällen ist ein eigener **Zwischenanstrich** erforderlich, z. B. wenn helle Farbe auf einem dunklen Untergrund aufgetragen wird. Auf jeden Fall muß ein **Schlußanstrich** ausgeführt werden. In manchen Fällen kann jedoch bereits ein Anstrich ausreichend sein, z. B. bei einer Beschichtung von einem alten, haltbaren Dispersionsanstrich mit einem neuen ähnlicher Farbtönung.

Voranstriche, Armierungen, Grundierungen

Eine alte Regel besagt, daß eine Beschichtung höchstens so gut sein kann wie der Untergrund. Neben Ausbesserungsarbeiten an Putzoberflächen und entsprechenden Reinigungsarbeiten sind daher die vorbehandelnden Anstriche sehr wichtig. Da Restaurierungsarbeiten auch Ausbesserungen an Putzoberflächen enthalten, müssen möglicherweise unterschiedliche vorbereitende Arbeiten ausgeführt werden – für die Altanstriche und für die neuverputzten Stellen.

Voranstriche

Unter Voranstrichen sollen im folgenden alle Arbeitsgänge verstanden werden, die nicht direkt zum Anstrichaufbau zählen.

1 **Untergrundhärter** können mürbe, an der Oberfläche abbröselnde, aber im ganzen noch stabile Putze an der Oberfläche so verfestigen, daß sie für eine Farbbeschichtung geeignet sind.

2 Stark saugfähiges Mauerwerk, z. B. aus Porenbeton oder Kalksandstein, kann bei hoher Niederschlagsbelastung durchfeuchten. **Wasserabweisende Grundierungen** direkt auf den Mauersteinen verhindern den Kapillartransport des Wassers ins Mauerwerk und damit die Durchfeuchtung des Untergrunds. Das Foto zeigt die wasserabweisende Wirkung der Grundierung bei Porenbeton. **Absperrmittel** können Flecken im Untergrund absperren, damit die Farbbeschichtung fleckenlos auftrocknen kann.

3 **Füll- und Überbrückungsanstriche** sind häufig ein Mischprodukt zwischen einem Anstrich und einer Spachtelmasse. Sie enthalten zum Teil Fasern zur besseren Haltbarkeit und sind in der Regel jedoch mit Bürste oder Rolle auftragbar. Die unterschiedlichen Einsatzmöglichkeiten bestehen z. B. im Ausgleich von unterschiedlichen Oberflächenstrukturen, aber auch in der Überbrückung von Haarrissen.

Armierungen

4 Anstricharmierungen auf gerissenen Putzflächen haben die Aufgabe, die Kraft im Rißbereich auf eine größere Fläche zu übertragen, damit die Deckanstriche nicht reißen. Für Anstricharmierungen werden unterschiedliche Systeme eingesetzt. Abhängig vom Deckanstrich sind sie z. B. auf Kunststoff-Dispersionsbasis und auf der Basis von Silikatfarben möglich.

1

2

3

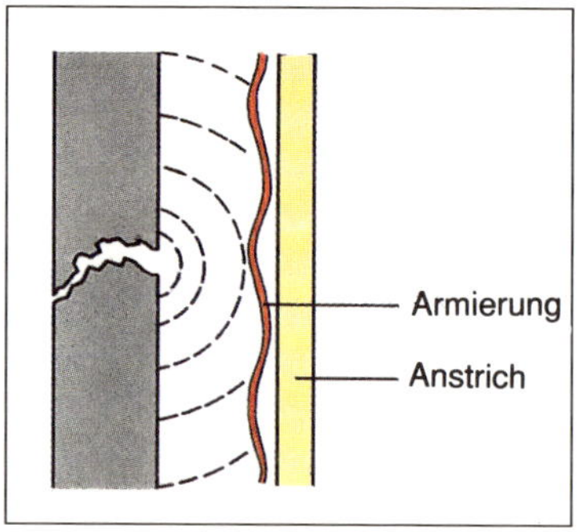

4

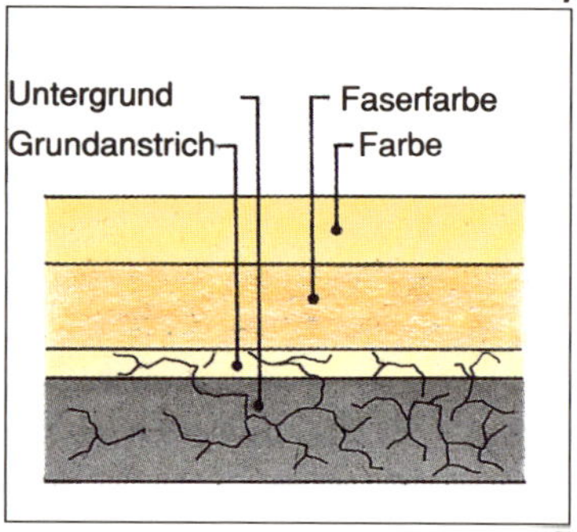

5

6

Da die Eigenschaften von Armierungen und Anstrichen aufeinander abgestimmt sein müssen, sollten alle verwendeten Produkte möglichst von einer Firma bezogen werden. Die Verarbeitung erfolgt nach Herstellerangaben. Im wesentlichen werden folgende Armierungssysteme unterschieden:

5 Kleinere Risse können mit plastoelastischen Anstrichstoffen überbrückt werden. Etwas größere Risse erhalten einen Grundanstrich, anschließend einen Auftrag mit faserhaltiger Farbe, zum Schluß den Farbauftrag. Größere Risse werden in geeigneter Weise mit Armierungsgewebe überbrückt.

Grundanstriche

6 Im Grundprinzip setzt sich ein Renovierungsanstrich an Fassaden aus einer Grundierung bzw. einem Grundanstrich und einem Deckanstrich zusammen. In bestimmten Fällen kann ein Grundanstrich entfallen, in manchen Fällen können auch vier bis fünf Arbeitsgänge für eine fachgerechte Beschichtung nötig sein. Grundanstriche haben im wesentlichen zwei Aufgaben zu erfüllen: Sie sollen für eine bessere Haftung des Anstrichs sorgen. Häufig werden daher verdünnte Farben eingesetzt, da sie sich besser im Untergrund verankern. Sie sollen außerdem die Saugfähigkeit von stark saugenden Untergründen herabsetzen, damit dem Anstrich nicht zu schnell Wasser entzogen wird. Folgende Grundierungen und Schlußbeschichtungen sind für die wichtigsten Anstriche üblich. Abweichende Angaben der Hersteller sind zu beachten.

Neuanstrich Dispersionsfarbe: Auf frischen Putzflächen Grundierung mit verdünnter Dispersion. Auf Untergründen aus Kalk-, Silikat- oder Dispersionsfarben Grundierung mit verdünnter Dispersion. Anschließend Schlußanstrich. Bei ähnlicher Farbgebung auf alter Dispersion ist gegebenenfalls nur ein Farbauftrag nötig.

Neuanstrich Silikatfarbe: Mineralische Putze werden angeätzt, anschließend mit verdünntem Fixativ vorfixiert, es folgt ein Grundanstrich mit verdünnter Farbe, schließlich der Schlußanstrich.

Neuanstrich Dispersions-Silikatfarbe: Auf kunststoffhaltigen Farben wird ein Haftgrund aufgebracht. Es folgt eine Grundierung mit verdünntem Fixativ, ein Grundanstrich mit verdünnter Farbe und der Schlußanstrich.

Fungizide, Algizide

Verputzte und gestrichene Fassadenflächen, Beton, Sichtmauerwerk aus Ziegeln, Kalksandsteinen und Natursteine können von Moosen, Algen, Flechten und Schimmelpilzen befallen werden.

1-3 Moose und Algen verfärben den Anstrich grünlich. Schimmelpilze befallen vor allem Dispersionsanstriche und bilden wolken- oder punktartige grau-schwarze Verfärbungen. Diese pflanzlichen Organismen kommen in zahlreichen verschiedenen Arten vor. Sie stammen meist aus der näheren Umgebung und werden mit dem Regenwasser abgelagert. Der Bewuchs hält Niederschlagsfeuchtigkeit zurück, verstärkt die Feuchtigkeitsbelastung des Außenmauerwerks und kann Schäden an den Anstrichschichten und Putzflächen beschleunigen.

Gemeinsam ist diesen Organismen, daß sie zum Wachstum Feuchtigkeit benötigen. Sie treten deshalb vor allem an Flächen auf, die ständig oder sehr häufig der Feuchtigkeit ausgesetzt sind. Besonders betroffen sind daher Mauerflächen, die wenig oder nicht von der Sonne beschienen werden oder die zu wenig vor Feuchtigkeit geschützt sind, z. B. Giebelmauern mit zu geringen Dachüberständen, auch Mauerwerk um nicht beheizte Räume. Im Sockelbereich kann die Feuchtigkeit auch aus aufsteigender Grundfeuchtigkeit stammen.

Ist die Fläche einmal befallen, können sich diese pflanzlichen Organismen schnell ausbreiten, was auch das Erscheinungsbild der Fassade beeinträchtigt. Sporen können in Ritzen, Fugen oder Kapillaren des Putzes eindringen, so daß ein einfaches mechanisches Entfernen meist keinen dauernden Erfolg bringt. Zur Bekämpfung des Bewuchses und zum vorbeugenden Schutz von Mauerwerk werden daher bestimmte Mittel eingesetzt. **Fungizide** sind Mittel, die gegen Pilze wirken, **Algizide** wirken gegen Algenwuchs. In der Praxis werden jedoch beide Begriffe auch für Mittel gebraucht, die gegen alle schädlichen pflanzlichen Bewüchse wirken: gegen Moose, Algen, Flechten und Schimmelpilze. Die Verarbeitung erfolgt nach Angaben der Hersteller. Ist ein konstruktiver Schutz vor Feuchtigkeitseinwirkung nicht möglich, sollten auch dem Neuanstrich fungizide Wirkstoffe zugegeben werden, zumindest für die befallenen und gefährdeten Flächen.

1

2

3

Holzschutzmittel

1

Holz kann wie wie alle organischen Stoffe durch Pilze und Bakterien abgebaut und von Insekten zerstört werden. Alle Maßnahmen, die diesen Abbau verhindern, werden unter dem Begriff Holzschutz zusammengefaßt. Holzschutzmittel umfassen alle Oberflächenbehandlungsmittel, die die Zerstörung von Holz verhindern. Holzschutz ist im wesentlichen Schutz vor Feuchtigkeit. Holz kann im trockenen Zustand Jahrhunderte unbeschädigt überstehen. Ist es jedoch über einen längeren Zeitraum Feuchtigkeit oder Nässe ausgesetzt, ist mit großer Wahrscheinlichkeit mit Pilz- und Insektenbefall zu rechnen. Die Durchfeuchtung kann verhindert werden durch konstruktiven Holzschutz (lesen Sie dazu auch Seite 9) oder durch sachgemäße Oberflächenbehandlung.

Anstriche

1 Der Schutz des Holzes durch Anstriche erfolgt im Außenbereich durch Lacke und Lasuren. Diese Anstrichsysteme sollen einerseits die Feuchtigkeitsaufnahme des Holzes weitgehend verhindern, gleichzeitig aber die Austrocknung ermöglichen. Anstriche für Holz sind auch auf der Basis von Naturfarben erhältlich.

Chemische Holzschutzmittel – giftige Biozide

Diese Holzschutzmittel sind wäßrige oder ölige Lösungen, die das Holz vor allem vor Pilz- und Insektenbefall schützen sollen. Sie enthalten Wirkstoffe, sog. Biozide, die gegenüber den Schadorganismen giftig sind. Da sie lange wirken sollen, sind sie meist schlecht biologisch abbaubar. Je nach Präparat und Einsatzzweck werden für den Außenbereich auswaschbeständige Salze, teerölhaltige Präparate oder Imprägnierlasuren eingesetzt. Die bioziden Wirkstoffe sind zum großen Teil giftig, zum Teil hochgiftig. Sie können bei unsachgemäßer Verarbeitung die Gesundheit schädigen und die Umwelt erheblich belasten.

Holzschutzmittel sollten daher nicht mit Spritzpistolen aufgebracht werden, das Erdreich soll vor den Mitteln geschützt werden. Gegebenenfalls müssen bei der Verarbeitung Gummihandschuhe und Atemschutzmasken getragen werden.

Mit Holzschutzmitteln behandelte Produkte gelten im allgemeinen als Sondermüll. Sie dürfen daher nicht verbrannt, aber auch nicht der Verrottung auf Erdreich ausgesetzt werden. Man sollte sich beim Kauf von Holzschutzmitteln über den genauen Einsatzzweck im klaren sein.

Kombinationspräparate

Häufig werden Anstrichmittel mit chemischen Holzschutzmitteln kombiniert, ohne daß sich der Verbraucher darüber im klaren ist, denn vom Etikett her kann diese Information entweder nicht oder zumindest nicht eindeutig entnommen werden.

Alternativen

Durch geeignete konstruktive Maßnahmen (Hinterlüftung, Tropfkanten) und durch wasserabweisende Oberflächenbehandlung mit Lasuren oder Lacken kann im Fassadenbereich in den meisten Fällen auf biozide Holzschutzmittel verzichtet werden.

Dichtungsmassen

Unter Dichtungsmassen im weiteren Sinne versteht man alle Stoffe, die eine bestimmte Abdichtung gegen Nässe, Feuchtigkeit oder Luftdurchgang bewirken.

Plastische Dichtungsmassen

Plastische Dichtungsmassen härten aus und sind danach nicht mehr beweglich. Zu diesen Massen gehören im weiteren Sinn alle herkömmlichen Spachtelmassen.

Elastische Dichtungsmassen

1-2 Die Dichtungsmasse trocknet aus und bleibt elastisch. Elastische Dichtungsmassen werden häufig auf der Basis von Silikonen hergestellt. Elastische Massen werden überall dort eingesetzt, wo Bewegungen zwischen Bauteilen oder Baustoffen überbrückt werden sollen, z. B. zur Abdichtung von Fugen zwischen Fenster und Mauerwerk. Durch unterschiedliche Dehnungseigenschaften, bei Holz auch durch Feuchtigkeitsaufnahme, entstehen häufig größere oder kleinere Fugen, in die Feuchtigkeit eindringen und Mauerwerk oder Holzteile durchfeuchten kann. Langfristig durchfeuchtetes Mauerwerk kann schließlich durch Frost stark geschädigt werden.

Elastische Dichtungsmassen werden häufig in Kartuschen geliefert und mit der Handpreßpistole verarbeitet. Dichtungsmassen gibt es in unterschiedlichen Farbtönen oder in Transparent. Nur einige Produkte können überstrichen werden.

Plastoelastische Dichtungsmassen

Darunter versteht man Dichtungsmassen, die weitgehend aushärten, jedoch dabei eine gewisse Elastizität bewahren. Sie werden häufig zur Abdichtung von Rissen auf Mauerwerk und Putz eingesetzt. Vor allem Risse, die aufgrund unterschiedlicher Dehnungseigenschaften entstanden sind, können damit zuverlässig geschlossen werden. Schwieriger ist das Schließen von Setzrissen, vor allem dann, wenn die Setzungsbewegung noch keinen Abschluß gefunden hat. Diese Dichtungsmassen sind überstreichbar.

Hinterfüllung von Fugen

3 Zum Schließen breiterer und tieferer Fugen benötigt man eine Hinterfüllung, damit die Dichtungsmasse genügend Halt bekommt. Geeignet sind dafür Schaumstoffschnüre in verschiedenen Durchmessern oder Montageschaum.

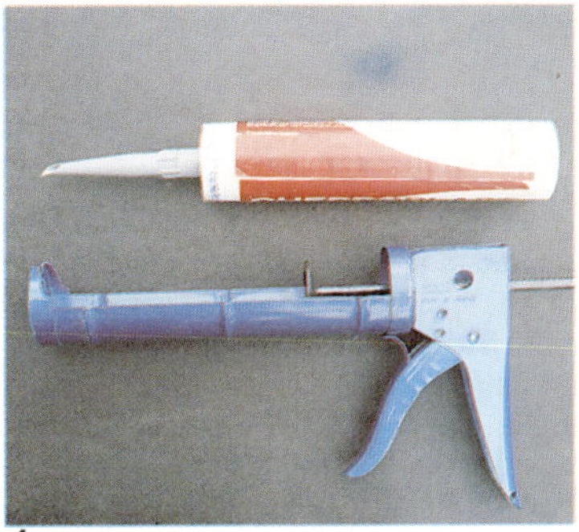

1

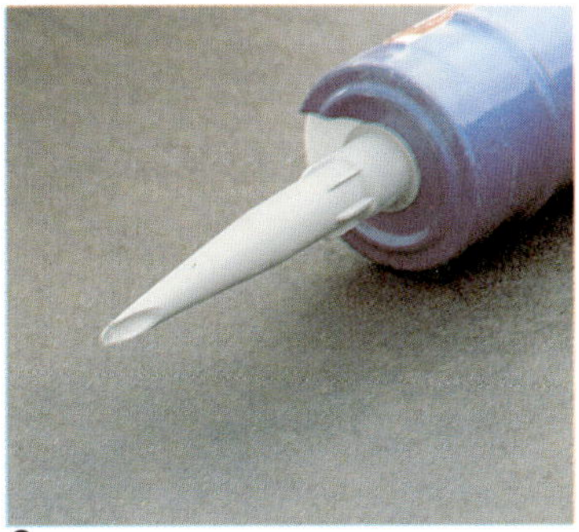

2

3

Die wichtigsten Werkzeuge

Auf diesen beiden Seiten finden Sie Kurzbeschreibungen der wichtigsten Werkzeuge, die man benötigt, um selbst Fassaden zu renovieren und zu restaurieren. Welche Werkzeuge man für die einzelnen Arbeitsgänge und Arbeitsabläufe braucht, ersieht man aus den Abbildungen unter der Rubrik »Werkzeuge«, die man bei den jeweiligen Arbeitsanleitungen findet.

Universalwerkzeuge

1

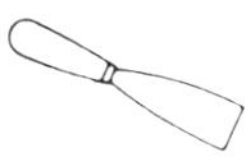

1 Spachtel: Zum Abstoßen von lockeren Putz- und Farbschichten, ebenso für kleinere Ausbesserungsarbeiten an Putzflächen, günstig sind Breiten von 40 bis 60 mm.

2

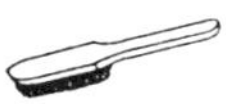

2 Stahldrahtbürste: Zum Abbürsten von lockeren Farb- und Mörtelresten und von Algen- und Moosbewuchs.

3

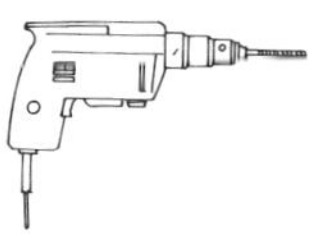

3 Schlagbohrmaschine: Für Dübelarbeiten und zum Anmischen von Mörteln mit dem Rührstab.

4

4 Steinbohrer: Für das Bohren der Löcher an der Fassade, die die Dübel aufnimmt.

5

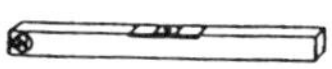

5 Wasserwaage: Zur Kontrolle der Senkrechten und Waagrechten.

6

6 Hand-Preßpistole: Zum Verarbeiten und Auftragen von Dichtungsmassen.

Werkzeuge für Maurerarbeiten

7

7 Kellen: Zum Anmischen von kleineren Mörtelmengen, zum Auftrag von Putzmörteln aller Art.

8

8 Stukkateurkelle (Stukkateurspachtel): Kleinere Kelle für kleinere Ausbesserungsarbeiten, für Ungeübte besser zu handhaben.

9

9 Stukkateureisen: Mit spitzem und geradem Blatt, gut geeignet zum Ausbessern von ganz kleinen Putzschäden oder Löchern.

10

10 Fugenkelle (Fugeneisen): Zum Eindrücken von Fugenmörtel bei Sicht- oder Verblendmauerwerk, in verschiedenen Breiten.

11

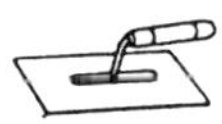

11 Glättkelle (Traufel): Zum Auftragen und zum Glätten von herkömmlichen Putz- und Feinputzmörteln, zum Auftrag von Reibeputz.

12

12 Reibebrett: Aus Holz oder Kunststoff in verschiedenen Größen, zum Verdichten und Glätten von Putzoberflächen, zum Strukturieren von Putzoberflächen, z. B. bei Reibeputzen.

13

13 Schwammbrett, Filzbrett: Zum Glätten von Feinputzflächen.

14 

14 Abziehlatte (Richtscheit): Aus Holz oder Aluminium zur Herstellung von geraden und ebenen Putzoberflächen. Bei kleineren Ausbesserungsarbeiten reicht oft ein kurzes, gerades, etwa 5 bis 10 cm breites Brett aus.

15 

15 Mörtelquirl (Mörtelrührstab): Als Bohrmaschinenaufsatz zum Anrühren von Putz- und Reparaturmörteln aller Art.

16 

16 Gipsbecher: Zum Anmischen und Verarbeiten kleiner Mengen an Mörteln oder Spachtelmassen.

17 

17 Mörteleimer, Mörtelwanne: Zum Anmischen von kleineren oder größeren Mengen an Mörteln.

18 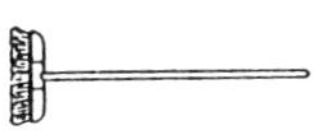

18 Alter Handbesen: Zur Entfernung von Staub auf Maueroberflächen vor Verputzarbeiten.

19 

19 Alte Malerbürste: Zum Annässen von Untergründen vor dem Auftragen von Putzen aller Art.

20 

20 Maurerhammer: Zum Abschlagen von lockeren Mörtelflächen.

21 

21 Steinmeißel: Zum Abstemmen von Mörtelresten

22 

22 Putzhaken: Zum Befestigen von Brettern oder Latten bei Verputzarbeiten.

Werkzeuge für Anstricharbeiten

23 

23 Malerbürste: Zum Auftrag von Anstrichen, insbesondere bei sehr rauhen Putzoberflächen, zum Auftrag von dünnflüssigen Anstrichstoffen wie verdünnten Grundierungen, von Imprägnierungen oder Fungiziden.

24 

24 Farbroller (Fellrollen): Aus Lammfell oder aus Kunststoff, häufig in einer Breite von 120 bis 180 mm, zum Auftrag von Anstrichen bei weniger rauhen bis normalen Putzoberflächen.

25 

25 Malereimer: Großer, stabiler Farbeimer, der immer nur zum Teil gefüllt und aus dem die Fassadenfarbe verarbeitet wird.

26 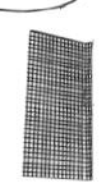

26 Abstreifgitter: Zum Abstreifen überschüssiger Farbe von Fellrollen.

27 

27 Flachpinsel: Für feinere Malerarbeiten, z. B. an Fenstern, Türen oder in Ecken, häufig in Breiten von 20 bis 40 mm. In größeren Breiten (100 mm) auch Flächenstreicher genannt und zum Lasieren von Holzfassaden geeignet.

Schäden erkennen und beurteilen

1

2

3

Schäden an Fassaden sind vielfältig. Erst wenn Ausmaß und Ursache richtig erkannt sind, kann man sie beheben und dagegen vorbeugen. Gerade bei umfangreicheren Schäden ist eine Beratung durch einen Fachmann sinnvoll, damit falsche Entscheidungen hinsichtlich Untergrundvorbereitung und Farbauftrag vermieden werden können. Die Untergründe für den Auftrag von Farbbeschichtungen müssen fest und tragfähig sein. Der Untergrundvorbereitung bei Anstricharbeiten kommt deshalb eine zentrale Bedeutung zu.

Verschmutzungen und Anstrichschäden

Schäden am Anstrich entstehen meist durch langfristige Witterungseinflüsse oder durch unsachgemäßen Aufbau. Anstrichschäden haben nicht nur optische Auswirkungen: Feuchtigkeit kann in Putzschichten eindringen und diese langfristig schädigen. Grundsätzlich gilt bei der Vorbereitung von Untergründen, daß alle lockeren Farbstellen entfernt werden müssen. Nur tragfähige Farbschichten können überstrichen werden.

4

1-2 Verschmutzte Anstriche müssen gesäubert werden. Kleinere und weniger verschmutzte Flächen wird man mit klarem Wasser und einer entsprechenden Bürste säubern können, für größere und stärker verschmutzte Flächen empfiehlt sich ein Hochdruckreiniger, der zugleich lockere Farbstellen mitentfernen kann. Sehr stark verschmutzte Flächen können mit Heißwasser im Hochdruckverfahren entfernt werden. Daneben gibt es für besonders hartnäckige Verschmutzungen Reinigungsmittel auf Säure- und Laugenbasis, auch spezielle Mittel zur Entfernung von Flecken, z. B. Rostflecken oder Kupferverbindungen.

3-4 Abgeplatzte Anstriche können viele Ursachen haben: Im Sockelbereich sind vor allem Feuchtigkeit aus dem Erdreich oder Spritzwasser die Ursachen. Aber auch durch kleine Risse in der Farbbeschichtung kann Feuchtigkeit eindringen und schließlich die Farbe absprengen. Lockert sich die Farbbeschichtung auf größeren Flächen blasenförmig, kann auch Wasserdampf aus dem Inneren des Gebäudes Ursache sein: Die Farbbeschichtung war möglicherweise zu dicht. In diesem Fall hilft nur eine vollständige Entfernung des zu dichten Anstrichs und die Wahl von dampfdurchlässigeren Farben wie Silikatfarben. Da die Beurteilung jedoch schwierig ist, sollte man sich in diesem Fall von einem Fachmann beraten lassen.

5 Beseitigt man lockere Farbstellen, können Untergründe aus verschiedenen Anstrichmitteln entstehen, z. B. aus alten Kalkfarben und Kunststoff-Dispersionsfarben. Das ist kein eigentlicher Schaden, muß jedoch bei der Auswahl der Farbe und einer Untergrundvorbereitung beachtet werden.

Moose und Algen

Mit Moosen und Algen befallene Flächen müssen vor Neuanstrichen mit Fungiziden behandelt und sehr sorgfältig gereinigt werden (lesen Sie dazu mehr auf Seite 29 und 57).

Risse in Putzflächen

Risse im Mauerwerk können verschiedene Ursachen haben. Risse ermöglichen das Eindringen von Feuchtigkeit und führen so langfristig zu einer Zerstörung der Putzoberfläche. Sie müssen daher vor dem Farbauftrag geschlossen werden. Sehr kleine Risse wie Haarrisse wird man in vielen Fällen bei der Grundierung bzw. beim Anstrich mit Farbe füllen können. Größere Risse müssen mit speziellen Dichtungsmassen oder Armierungssystemen geschlossen werden. Voraussetzung ist jeweils, daß der Putz ansonsten gut am Untergrund haftet.

6-7 Verschiedene Ursachen haben die sogenannten **Netzrisse**, die netzförmig verlaufen. Feine Risse an der Oberfläche sind meist auf

5

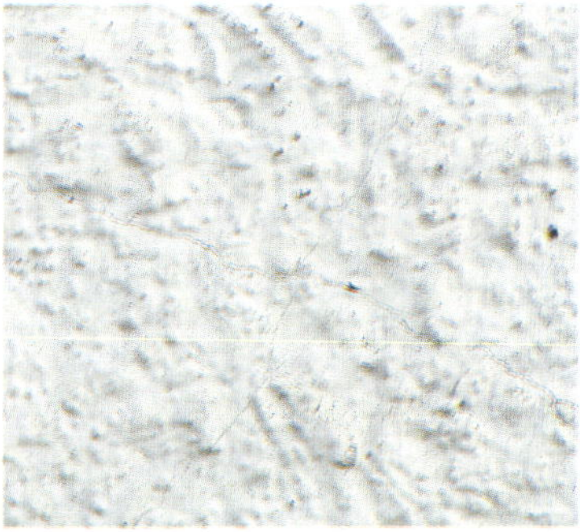

6

7

8

9

10

11

einen erhöhten Bindemittelanteil im Mörtel zurückzuführen, der auch durch zu langes Glattreiben der Mörteloberfläche entstehen kann. Tiefere Risse können durch Temperatur- und Feuchtigkeitswechsel oder falschen Putzaufbau entstehen.

8 Eine andere Art von Rissen sind weitgehend **gerade verlaufende Risse**, deren Ursache in der Mauerkonstruktion zu finden ist. Zu gerade verlaufenden Spannungsrissen kann es kommen, wenn unterschiedliche Baustoffe mit unterschiedlichen Dehnungseigenschaften aufeinandertreffen, z. B. Ziegel und Beton. Häufig sind solche Risse an Fugen beim Aufeinandertreffen unterschiedlicher konstruktiver Bauteile, z. B. an Rolladenkästen, wenn diese Fugen nicht oder nicht ausreichend mit Putzträgern oder Armierungsgeweben überspannt sind. Solche Risse entstehen auch an Holzwolleleichtbauplatten, an deren Fugen keine oder nur eine ungenügende Armierung vorgenommen wurde. Die Platten nehmen beim Verputzen Feuchtigkeit auf, schrumpfen bei der Austrocknung und hinterlassen bei ungenügender Armierung der Fugen Risse. All diese Risse können mit plastoelastischer Masse geschlossen werden, gegebenenfalls müssen sie mit einem Armierungssystem versehen werden.

12

9 Am schwierigsten zu beheben sind **Setzrisse**, die meist durch den gesamten Mauerquerschnitt gehen und oft auf ungleichmäßige Setzungen des Erdreichs zurückzuführen sind. Setzrisse sollten mit geeigneter Dichtungsmasse geschlossen, notfalls mit Armierungsgewebe versehen werden. Eine dauerhafte Schadenfreiheit garantiert jedoch nur die Beseitigung der Ursache, z. B. eine ausreichende Fundamentierung oder eine Verdichtung des Erdreichs. Oft können auch Schäden an Regenfallrohren für eine Unterspülung des Fundaments oder des

Erdreichs und somit für Setzrisse verantwortlich sein.

Putzschäden

Putzschäden sind in vielen Fällen auf langandauernde Einwirkung von Feuchtigkeit zurückzuführen. Grundsätzlich gilt: Alle lockeren Putzteile müssen entfernt und ersetzt werden. Dabei ist auf die richtige Materialwahl zu achten und auf den richtigen Aufbau der Putzhaut.

10 An der Oberfläche bröseliger, aber im ganzen noch fester Putz muß verfestigt werden. Geeignet sind dazu verschiedene sogenannte Putzhärter, die satt auf den Putz aufgestrichen werden und die die Putzoberfläche verfestigen.

11 Sehr rauhe Oberflächen entstehen, wenn nach einer Reinigung an manchen Stellen verschiedene Farbschichten entfernt wurden, stellenweise jedoch noch gut haften. Zum Ausgleich dieser Oberflächen gibt es verschiedene Füllanstriche, zum Teil mit Faseranteilen, die eine gleichmäßigere Putzoberflächenstruktur ergeben.

12 Bräunliche Flecken werden von oxidhaltigen Steinen im Putzsand verursacht. Die Verfärbungen können zwar mit einem Sperranstrich verhindert werden, sicherer ist jedoch das Herausschlagen der Steine und das Ausbessern des Putzes.

13-14 Die häufigsten Schäden an Fassaden entstehen im Sockelbereich, insbesondere durch Feuchtigkeitseinwirkung. Mürber Putz muß auch hier ersetzt werden, in den meisten Fällen mit Zementmörtel oder entsprechender Zementspachtelmasse. Ein zusätzlicher Schutz vor Spritzwasser kann durch Hydrophobierung erreicht werden. Falls möglich, kann man am Sockel grobkörnigen Rundkornschotter in einer Breite von etwa 40 cm einbringen, wodurch auftreffende Wassertropfen weniger reflektiert werden. Ist Putz grobflächiger abgeplatzt, können eingeschwemmte Mauersalze die Ursache sein. In diesem Fall muß das Einschwemmen der Salze verhindert, der Putz abgeschlagen und ersetzt werden.

15 Im Bereich von Fenstern und Türen kann Feuchtigkeit in Putz und Mauerwerk eindringen, kleinere und schließlich auch großflächige Schäden anrichten. Anschluß-

13

14

15

16

17

18

fugen und Fensterbleche müssen daher abgedichtet werden. Mürber Putz muß vollständig entfernt und ersetzt werden.

16 In größeren Flächen abgeplatzter Oberputz muß ersetzt werden. Ursache für die Loslösung kann sein: ein Oberputz, der wesentlich härter ist als der Unterputz, ein zu geringes Vornässen und damit eine zu geringe Haftung, eine Bindemittelanreicherung an der Oberfläche durch zu langes Glattreiben des Unterputzes oder ein zu geringes Aufrauhen. Ist die Oberfläche bröselig, muß sie mit Putzfestiger behandelt werden. Ansonsten muß der Unterputz möglichst gut gesäubert und aufgerauht werden, bevor der Oberputz ersetzt wird.

17 Werden Putzreparaturen nicht rechtzeitig ausgeführt, kann der Putz in seinem gesamten Querschnitt abplatzen. Durch Feuchtigkeit und Frost können auch die darunterliegenden Mauersteine zerstört werden. In diesem Fall müssen schon lockere Steinteile entfernt und der Putz muß ersetzt werden – gegebenenfalls in mehreren Putzschichten von etwa 2 cm Dicke.

18 In Sichtmauerwerk können Steine durch Verwitterung Risse bekommen, in die Wasser eindringen und die Steine schließlich ganz zerstören kann. Zerstörte Steine müssen ersetzt werden, möglichst in gleichem Format und gleicher Machart. Grundsätzlich kann Sichtmauerwerk durch wasserabweisenden transparenten Anstrich vor Feuchtigkeit geschützt werden. Auch über gerissene oder herausgesprengte Mörtelfugen kann Feuchtigkeit eindringen und die Zerstörung des Mauerwerks beschleunigen. Für Ausbesserungsarbeiten an Natursteinen gibt es spezielle Reparaturmassen, als schützende Anstriche spezielle Steinlasuren.

Schäden an Holzteilen

Schäden an Holzteilen, z. B. an Fassadenverkleidungen, entstehen vorwiegend durch langandauernde Einwirkung von Feuchtigkeit. Die Folge: Pilze, Moose, Bakterien und Insekten zerstören das Holz. Holz muß deshalb vor Feuchtigkeit geschützt werden, entweder durch Maßnahmen des konstruktiven Holzschutzes oder durch entsprechende Anstriche. Morsche Holzteile müssen ersetzt werden.

Fassaden gestalten

Es gibt zwar keine allgemeingültigen Regeln zur Gestaltung von Fassaden, doch gibt es bestimmte Grundlagen, die zumindest von vielen Architekten und Gestaltern akzeptiert werden. Die Farbgebung spielt bei der Fassadengestaltung eine zentrale Rolle. Auch in der Farbgebung gibt es Modeerscheinungen, da jedoch ein Fassadenanstrich etwa 10 bis 20 Jahre halten soll, sollte man sich vor allzu schnellebigen Modefarben hüten.

1-2 Vor der endgültigen Entscheidung für eine Farbkombination sollten Musterflächen angelegt werden. Farbtonkarten geben nur einen sehr ungenauen Eindruck von einer Farbe. Größere Flächen, eine andere Umgebung, andere Lichtverhältnisse können wieder einen ganz anderen Eindruck hervorrufen.

Fachleute bieten für die Farbauswahl folgende Grundregeln an:

- Durch Putz oder Stuck reich gegliederte Fassaden benötigen weniger kräftige Farben, da sonst die architektonischen Elemente zu stark in den Hintergrund treten.
- Fassaden sollten sich in das Bild der Umgebung, z. B. einer Straße oder eines Platzes einpassen, da sonst das harmonische Erscheinungsbild erheblich gestört werden kann. Auch die Umgebungsfarben, z. B. von Pflastern, sollten bei der Farbauswahl berücksichtigt werden.
- Größere Gebäude sollten mit »schwach gesättigten« Farbtönen gestaltet werden, da große und knallige Farbflächen zu starke und unangenehme Farbreize ausüben können.
- Auch die Gestaltung von Fensterrahmen und Sockeln trägt zum Erscheinungsbild der Fassade bei.

Neben der Farbgestaltung können zur Gestaltung einer Fassade anläßlich einer Renovierung oder Restaurierung auch viele andere Elemente eingesetzt werden. So bei älteren Bauten die Fensterläden, die die Fassade nicht nur gliedern, sondern ihnen auch eine anheimelnde Atmosphäre geben. Blumenschmuck an Fenstern kann die Wirkung von Läden steigern, aber auch Fassaden beleben, die nicht mit Läden oder sonstigen Elementen gestaltet sind. Nicht zuletzt kann Fassadenbewuchs die Wirkung einer Fassadenfläche grundlegend beeinflussen.

1

2

Fassaden reinigen

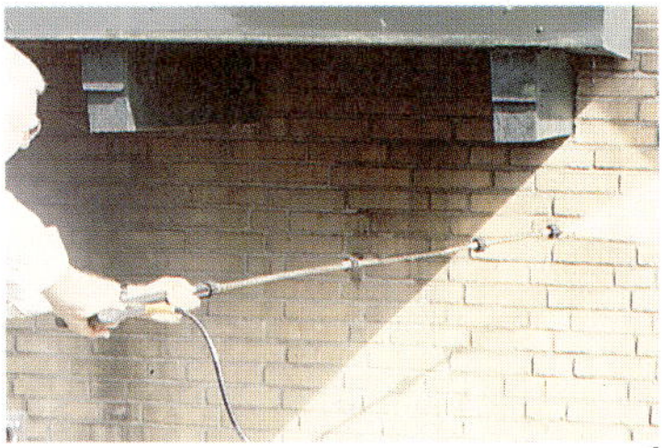

1

2

3

4

Bereits der natürliche Staub in der Luft lagert sich als Schmutz auf allen Fassaden ab. In Verbindung mit den Substanzen der Umweltverschmutzung kann das im Lauf der Zeit recht sichtbar werden. Auf gestrichenen Fassaden macht sich das weniger bemerkbar, weil viele Fassadenanstriche **abkreiden**. Damit wird die Farbschicht zwar immer dünner. Andererseits fällt zusammen mit den Farbpartikeln auch der Schmutz von der Wand. Häufig muß ein abgenutzter Anstrich vor dem Erneuern kaum gesäubert werden.

Je nach Widerstandsfähigkeit der Fassadenfläche kann man zum Reinigen mechanische Hilfen verwenden. In der Regel genügt Wasser mit Unterstützung von Druck oder Borsten. Nur in sehr hartnäckigen Fällen auf Mauerwerk oder Putz muß man zur Chemie oder gar zur **Sandstrahldüse am Hochdruckreiniger** greifen. Weichere Fassadenbaustoffe wie Holz oder vorgehängte Fassaden sind etwas schonender zu behandeln.

1 An wiederstandsfähigen Vormauersteinen kann der Hochdruck-Wasserstrahl kaum Schaden anrichten. Zurückhaltung ist jedoch bei den Fugen geboten. Denn porösen Fugenmörtel wäscht der Strahl aus, wenn ihm die Düse zu nahe kommt. Der Hochdruckstrahl arbeitet am wirksamsten, wenn man ihn von der gesäuberten Fläche zur verschmutzten hin führt.

2 Glatte Fassadenbauteile, wie Verkleidungen und Panele aus Holz oder mit Kunststoffoberflächen, lassen sich mit der Rotorbürste auf der Hochdrucklanze gefahrlos reinigen.

3 Durch die nicht allzu stabile Befestigung mancher vorgehängter Fassaden aus Einzelplatten ist Handarbeit mit Wasser und Bürste angebracht. Der Hochdruckstrahl könnte leicht die Befestigung lösen, und mit der Rotorbürste gelangt man nur unvollkommen in die vielen Absätze und die Oberflächenstruktur.

4 Lasiertes Profilholz wird beim Säubern, gleich mit welchem Gerät, auch immer einen Teil der Farbe abgeben. Deshalb sollte man diese Aktion im Zusammenhang mit einem Erneuerungsanstrich vornehmen. Mit einer Vlies-Schleifwalze in der Bohrmaschine läßt sich ein gutes Ergebnis erzielen.

Fertigmörtel anrühren

Bei Reparaturen an Fassaden wird man im allgemeinen immer nur wenig Mörtel benötigen. Wer kein Risiko eingehen will, verwendet anstelle einer Eigenmischung die etwas teureren Fertigmörtel. Außer Wasser ist darin alles für die vorgesehene Verwendung enthalten, was nicht bedeutet, daß man auch Fertigmörtel nicht noch etwas vergüten und den persönlichen Ansprüchen anpassen kann.

So läßt sich auch ein universeller Reparaturmörtel durch den **Zusatz einer Kunststoffdispersion** mit weniger Wasser noch leichter verarbeiten. Fertigmörtel sollte man, im Gegensatz zu Eigenmischungen, stets in das Anmischwasser rieseln lassen, um leichter eine knotenfreie Mischung zu erreichen. Das gelingt umso besser, je genauer der Gesamtbedarf an Mörtel und Wasser entsprechend der jeweiligen Verarbeitungsanleitung errechnet wird. Deshalb erlauben Meßbecher und Küchenwaage einen verlustfreien Umgang mit dem Material.

Es ist leichter, mit ein wenig Wasser steifen Mörtel schlanker zu machen als zu schlanken Mörtel mit mehr Trockenmischung steifer zu bekommen, denn dabei wird der Eimer leicht zu voll.

1 Schlanker Mörtel besteht zu einem Drittel aus Wasser. Aus nur 0,2 l Wasser und 1 kg Trockenmörtel entsteht 0,6 l Mörtel. Das ist ausreichend für eine etwa DIN-A-4-große, 10 mm dicke Schicht.

2 Bei Verwendung von Mörtel-Vergüter dem Zusatz entsprechend weniger Wasser abmessen.

3 Mischstab oder Kelle nur langsam bewegen, wenn der Trockenmörtel einrieselt. Sonst staubt und spritzt es unnötig.

4 Wenn alle Anteile zusammengemischt sind, kann sich der Quirl schneller drehen und die Mischung kräftig durchrühren. Den Mischquirl gleich anschließend in einem Eimer mit sauberem Wasser rotieren lassen.

1

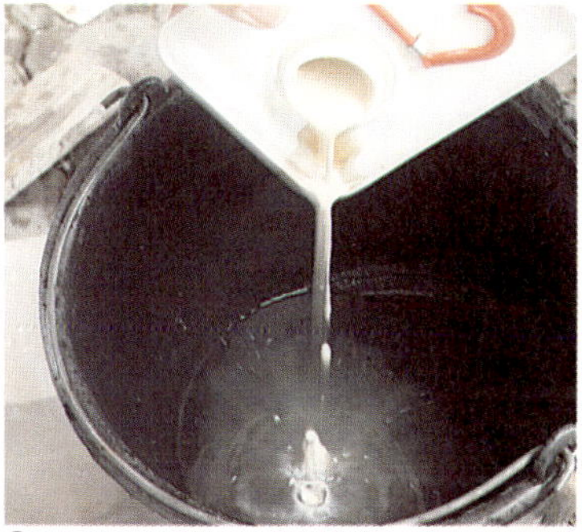

2

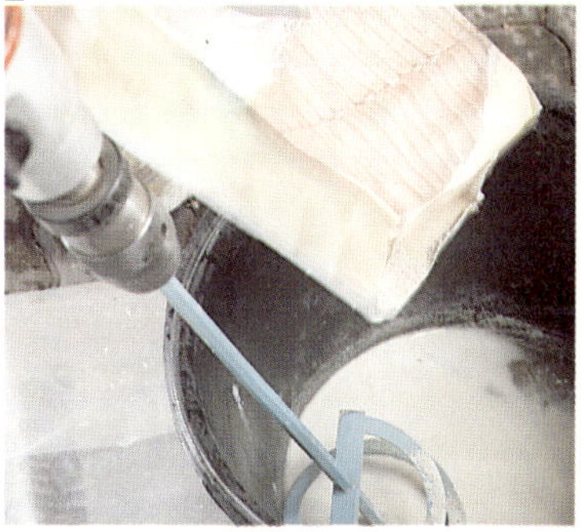

3

4

Eigene Mörtelmischung herstellen

1

2

Das Mischverfahren für größere Mörtelmengen, individuelle Mischungen (siehe Materialkunde, Seite 20) oder Beton folgt dem gleichen Prinzip: Zunächst die feuchten mit den trockenen Bestandteilen sowie die Flüssigkeiten voneinander getrennt mischen und erst anschließend beide Anteile miteinander vermengen.

Den Hauptanteil, gewaschenen Sand oder Kies oder auch scharfen Sand (fein gebrochener Quarzsand), darf man nicht mit irgend einem Grubensand vergleichen. Denn seine Verwendung birgt **unkalkulierbare Risiken**. Verunreinigungen wie Lehm, Humus oder Erden können den Mörtel unbrauchbar machen.

Kalk und Zement haben staubfeine Anteile, die sich beim Mischvorgang auch in der Luft verteilen. Wählen Sie deshalb den Platz zum Mischen so, daß sich der feine Staub nicht unkontrolliert verteilen kann.

Meßschaufel oder -becher und etwas Sorgfalt schützen vor Fehlmischungen. Denn selbst bei ständigem Umgang mit diesen Baustoffen sind Sandschaufel oder Maurerkelle für das Abmessen der Anteile zu ungenau und eine der Ursachen für Pfusch am Bau.

Ob man relativ teure Kleinmengen oder das Material in Zentnersäcken einkauft, hängt vom Bedarf ab und wird von der Wirtschaftlichkeit bestimmt, denn es ist nicht unbegrenzt lagerfähig. Reste halten sich im gut verschlossenen Plastikeimer im trockenen Heizkeller jedoch über einige Jahre, so daß nicht wegen jeder Kleinmenge erst neu eingekauft werden muß.

3

4

1 Drei Raumteile Mörtelkies und scharfer Sand

2 mit einem Raumteil Portlandzement

3 trocken bis zur gleichmäßigen Färbung mischen.

4 Gegebenenfalls bis zu 20 Prozent geeignete Kunstharzdispersion

5 zu einem Raumteil Anmachwasser vermischen.

6 Das Anmachwasser portionsweise zugeben und untermischen,

7 bis der Mörtel von der »trockenen« (steifen) Mischung –

8 je nach Verwendungszweck – zur »schlanken« Mischung gerät.

Wirkungen und Zugabemengen von Mörtel-Vergütern sind abhängig vom Produkt und vom Anwendungsfall. Sie machen Mörtel unter anderem wasserdicht, leichter verarbeitbar, haft- und abriebfester. Hierbei sollten Sie strikt den Produktdaten und der **Verarbeitungsanleitung folgen**. Für das Mischwasser gilt ähnliches wie für den Sand. Nur mit reinem Leitungs- oder Brunnenwasser sind keine Probleme zu erwarten.
Wer für Reparaturen nicht zuviel, aber auch nicht zuwenig Mörtel anmischen will, muß rechnen. Für die Berechnung benutzt man in der Regel das Volumen in l (korrekter in dm^3). Zur Berechnung Länge x Breite x Dicke der Mörtelschicht (in dm) miteinander multiplizieren. Eine Faustregel besagt: Erforderliches Mörtelvolumen ist gleich Sandvolumen, denn Zement und Wasser füllen die Hohlräume zwischen den Sandkörnchen aus. Geringe Unterschiede ergeben sich aus der Zusammensetzung unterschiedlicher Korngrößen. Demnach entstehen 3 l steifer Zementmörtel für eine Fläche von 0,5 x 0,6 m 10 mm dick, aus 3 l Sand, 1 l Zement und 0,8 l Wasser. Bereits ein Joghurtbecher (0,2 l) mehr Wasser, machen aus der steifen Mischung einen fast zu flüssigen Spritzbewurf.

Auch für Eigenmischungen gilt: Besser mit weniger Wasser anfangen und zu steifen Mörtel mit geringen Wasserzugaben schlanker zu machen. Die Unterschiede zwischen »zu steif« und »zu flüssig« betragen bei kleinen Mengen jeweils nur wenige Schnapsgläschen voll.

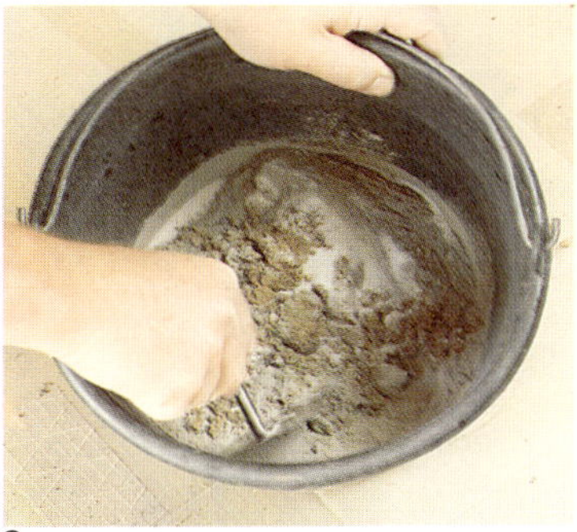
6

7

5

8

Wetterfesten Ausbesserungsmörtel zubereiten

1

2

3

4

Selbst vergüteter Zementmörtel haftet bei ungünstigen Schadensituationen häufig nicht fest genug am Untergrund – z. B. an ausgebrochenen Mauerecken. Bei solchen Reparaturfällen kann ein **stark klebender** Mörtel helfen.

Grundlage ist ein Dispersions-Baukleber, der sich zusätzlich mit Zement vermischen läßt. Diese Zementfestigkeit muß ausdrücklich in den Produktdaten bestätigt werden, denn viele Dispersionskleber sind nicht beständig gegen stark alkalisch wirkende Baustoffe wie reiner Zement. Durch den Zementanteil von 20 bis 30 % der Klebermenge wird die Masse wasserfest und ist damit auch im Außenbereich sehr gut geeignet.

Damit die Mischung rißfrei erhärtet und auch mechanisch widerstandsfähig wird, ist noch einmal die gleiche Menge getrockneter Quarzsand sowie Kleber plus Zement einzumischen. Mit geringen Wasserzugaben läßt sich der gewünschte Grad von steif bis spachtelfähig einstellen.

Der Reparaturmörtel ist innerhalb kurzer Zeit zu verarbeiten, weil er relativ schnell fest wird. Die Werkzeugreinigung sollte unverzüglich nach Abschluß der Arbeiten mit Wasser erfolgen, denn ausgehärteter Dispersionsmörtel klebt, ebensogut wie auf Mauerwerk auch auf Werkzeug und Mischgefäß.

Baukleber dieser Art (zum Beispiel Disbomulti 209) sind in Heimwerker- und Baumärkten selten zu bekommen. Man muß in den Einkaufsquellen für Handwerker nachfragen.

1 Zum Anmischen kleiner Mengen eignet sich ein Gipsmischbecher aus Gummi besonders gut.

2 Quarzsand verleiht dem Mörtel die hohe mechanische Festigkeit.

3 Zement in kleinen Portionen untermischen

4 und gut durchmischen, bis ein einheitlicher Farbton erreicht ist.

Hochfesten Kunstharzmörtel herstellen

Für besonders strapazierfähige Ausbesserungen, z. B. an den Kanten von Treppenstufen, läßt sich auch ein hochwertiger Chemiewerkstoff, das Epoxidharz, als Basis verwenden: entweder als zementgrau gefärbter Epoxidharz-Baukleber, als reines, gelblich-transparentes Harz aus dem Boots- und Modellbaubereich oder als langsam abbindender Zweikomponenten-Epoxidharzkleber. Dabei handelt es sich immer um ein Reaktionsharz. Das heißt, sobald Harz und Härter miteinander in Berührung kommen, beginnt ein chemischer Reaktionsprozeß, der nicht mehr zu stoppen ist. Aus diesem Grund muß man sich unbedingt an die vorgeschriebenen Mengenverhältnisse und die Verarbeitungszeiten halten. Als Mörtel läßt sich das reine Harz bis zu etwa 80 % der Gesamtmenge mit Quarzsand füllen, ohne die geforderten Eigenschaften zu verlieren. Auf diese Weise wird die gewünschte Konsistenz eingestellt.

1 Für den Bau-Kraftkleber gilt das Mischungsverhältnis 3:1. Kleine Mengen sind unbedingt auszuwiegen. Zuerst das Harz und dann

2 den Härter abwiegen.

3 Mit einem Spachtelwerkzeug werden Harz und Härter bis zur gleichmäßigen Färbung vermischt.

4 Je nach gewünschter Konsistenz lassen sich in den Kraftkleber noch bis zu 50 % Quarzsand einmischen. Auch hauchdünne Schichten sind wasserdicht.

Kraftkleber läßt sich so in einer waagerechten Schicht bis zu 40 mm dick verarbeiten. An senkrechten Flächen bleibt er bis zur Schichtdicke von 10 mm auch ohne stützende Hilfsschalung stehen. Innerhalb der Verarbeitungszeit bleibt die Harzmischung wasserlöslich. Ausgehärtet ist sie nur noch mechanisch oder mit Temperaturen über + 200° C zu lösen. Aceton oder Methylenchlorid können nur die Oberfläche anlösen.

1

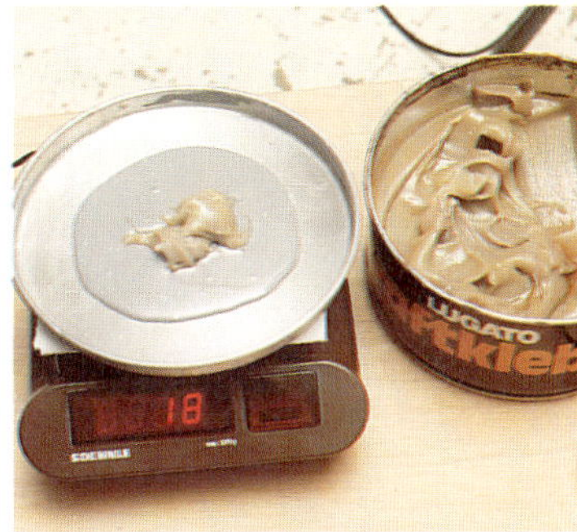

2

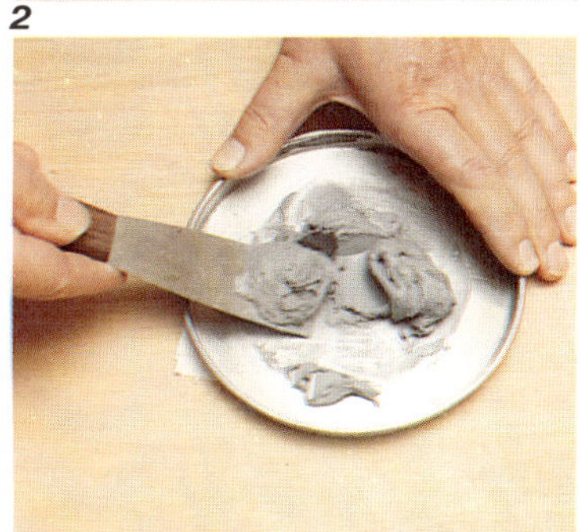

3

4

Spannungsrisse mit Spachtelmasse füllen

1

2

3

Durch Spannungen in der Putzschicht entstehen Risse, die möglichst schnell zu verschließen sind. Denn eingedrungenes Wasser kann spätestens bei Frost den Putz stückweise lösen.

1 Auf lockeren Farbschichten hält kein Reparaturspachtel. Deshalb zunächst mit einem Stoßspachtel mit **angeschliffener Schneide** lose Farbschichten abstoßen, um eine gute Verankerung für die Spachtelmasse zu schaffen.

2 Um die Risse sicher schließen zu können, sind sie zunächst einmal zu erweitern. Dazu den Meißel erst von unten am Riß ansetzen, dann von der oberen Kante die gelösten Stücke abschlagen. So spritzt das gelockerte Material nach unten und nicht nach oben in die Augen.

4

Auf eine Schutzbrille sollte man trotzdem nicht verzichten. Die Meißelschneide dabei nicht direkt auf den Putz setzen, sondern 2 bis 3 mm Zwischenraum lassen. Damit erzielt man mehr Wirkung. Arbeitshandschuhe schützen die Hände vor abgleitenden Hammerschlägen.

3 Den Reparaturspachtel nach Anleitung anmischen. Mit der Aufzieh- oder Glättekelle die erweiterten Risse füllen, gleichzeitig eine dünne Spachtelschicht aufziehen und die Oberfläche glätten. Diese Schicht muß einige Zeit trocknen (anziehen) können. Beim leichten Antippen darf nichts mehr am trockenen Finger haften bleiben, wenn man die Oberfläche abreiben will.

4 Dazu ein Reibebrett mit einem Filz- oder Schwammbelag nur mäßig anfeuchten und die von der Glättekelle verbliebenen Gratspuren mit kreisenden Bewegungen verteilen. Mit zuviel Wasser in der Schwammfläche kann sich das Brett auf der Spachtelschicht festsaugen. Ungeübte sollten dieses Verfahren zuerst an einer Putzfläche ausprobieren, auf der Übungsmuster nicht stören, damit die Reparatur auch gelingt.

Risse im Mauerwerk plastisch abdichten

Setzrisse im Mauerwerk sind zunächst mehr ein Schönheitsfehler als ein Baumangel. Doch wenn Wasser eindringt und gefriert, ist an den Rissen bald der Fugenmörtel oder der Putz mürbe. Unter 0,2 mm Breite deckt noch ein neuer Abstrich. Risse mit mehr als 0,2 mm Breite sind mit **plastischer Acryl-Fugenmasse** zu füllen. Elastische Dichtungsmasse aus Silikonkautschuk ist für diesen Zweck ungeeignet. Für so schmale Fugen ist sie nicht elastisch genug, außerdem haftet auch keine Farbe auf ihrer Oberfläche. Solange der Grund unter dem Bauwerk immer noch nachgibt, wird sich der Riß immer wieder zeigen und ist dann erneut auszufüllen.

1 Zum Auspressen der Dichtungsmasse die Düsenspitze entsprechend der Rißbreite nur sehr knapp schräg abschneiden. Wenn man die Spitze mit dem Finger fest auf die Mauerfläche drückt, soll möglichst wenig Dichtungsmasse an den Seiten der Düsenspitze austreten, damit die Masse möglichst tief in den Riß gepreßt wird.

2 Wenn Sie aus einer Sprühflasche einen dünnen Wasserfilm mit etwas Spülmittel über die Naht sprühen, ***3*** läßt sich die Naht mit der Fingerkuppe glätten. Versuchen Sie dabei, überschüssige Dichtungsmasse noch weiter in den Riß oder andere Unebenheiten zu streichen.

4 Ein feuchter Scotch-Britt-Haushaltsschwamm eignet sich gut zum Entfernen der Reste von der Mauerfläche. Erst mit der groben Seite die überschüssige Dichtungsmasse abnehmen, dann anschließend mit der feinen Seite den Wasserfilm mit der angelösten Acrylmasse abwischen. Um dabei den Riß nicht wieder auszuwaschen, mit dem Schwamm nur ganz leicht über die Mauerfläche wischen. Mit dem neuen Anstrich sollten Sie einige Tage warten, bis die Masse eine Haut gebildet hat.

1

2

3

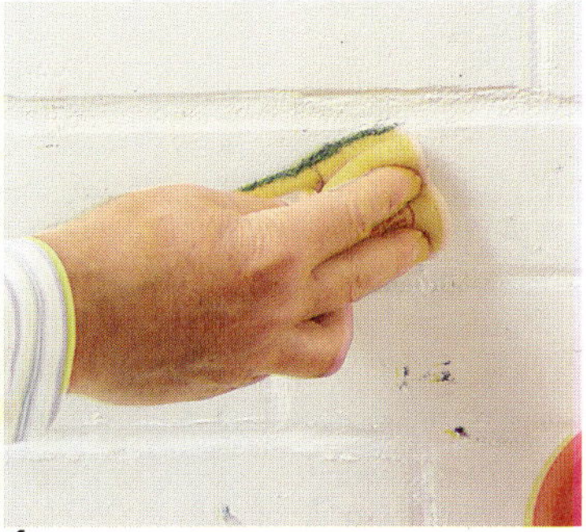

4

Putze ausbessern und strukturieren

1

2

3

Bei Renovierungs- und Restaurierungsarbeiten müssen häufig nur geringfügige Ausbesserungen an der Putzoberfläche vorgenommen werden. Großflächiges Verputzen mit herkömmlichen Mörteln ist schwierig und sollte daher nur besonders erfahrenen Heimwerkern oder Fachleuten vorbehalten sein. Für Putzarbeiten gilt allgemein: Bei Frost, Frostgefahr und gefrorenem Untergrund darf nicht geputzt werden. Frischer Putz, der gefriert, muß entfernt werden. Man sollte außerdem bedenken, daß in den Wintermonaten das Austrocknen der Putze sehr viel länger dauert und sich die Wartezeit bis zum Farbauftrag vergrößert. Putze sollten bei heißer Witterung möglichst nicht bei längerer praller Sonnenbestrahlung aufgebracht werden, weil sie zu schnell austrocknen und keine genügende Härte erreichen. Gegebenenfalls müssen Putze vor zu schneller Austrocknung geschützt werden oder entsprechend des Sonnenstands verarbeitet werden.

4

Putzaufbau

Herkömmliche Putze bestehen aus drei Schichten: dem Spritzbewurf, dem Unterputz und dem Oberputz oder Feinputz. Der Spritzbewurf ergibt eine rauhe Oberfläche und verbessert so die Haftung des aufgebrachten Putzes. Es folgt der Unterputz in einer Stärke von etwa 1 cm und schließlich der strukturgebende Oberputz oder der Feinputz. Herkömmliche Putze haben daher eine Dicke von etwa 2 bis 2,5 cm.

Für Fassadenflächen werden in der Regel Putze der Mörtelgruppe P II (Kalkzementmörtel, Mörtel aus hochhydraulischen Kalken sowie PM-Bindern) eingesetzt. Im Sockelbereich werden in der Regel Mörtel der Mörtelgruppe III (Zementmörtel) eingesetzt. Bei bereits feuchtigkeitssanierten Gebäuden kann sich im Sockelbereich auch ein poröser Sanierputz befinden, der das Austrocknen des Mauerwerks ermöglicht. In diesem Fall sollten Ausbesserungen auch wieder mit einem geeigneten Sanierputz durchgeführt werden. In der Regel wird der Heimwerker Fertigmörtel verwenden.

Putze ausführen

Grundsätzlich gilt für die Ausführung von Putzen: Die Untergründe bestehen entweder aus Mauersteinen oder alten Putzen. Der Untergrund muß fest sein, lockere Putzteile müssen restlos entfernt werden. Nicht geeignet als Untergründe sind alte Farbschichten. Alle Oberflächen müssen vor einem Mörtelauftrag mit einem alten Handbesen von Staub und Schmutz gereinigt werden. Die Untergründe werden jeweils vor dem Auftrag der nächsten Putzschicht vorgenäßt – saugfähige Untergründe aus Ziegeln oder Porenbeton deutlich mehr als weniger saugfähige Steine auf Leichtbetonbasis.

Das Vornässen hat verschiedene Auswirkungen: Zum einen wird die Saugfähigkeit der Mauer herabgesetzt, der aufgetragenen Putzschicht wird nicht zu schnell Anmachwasser entzogen, sie kann daher länger bearbeitet werden. Zum anderen entsteht mit dem Untergrund eine wesentlich bessere Haftung.

1-3 Der **Spritzbewurf** muß mit der Kelle aufgetragen werden. Kleinere Kellen erleichtern den Schwung, mit dem er angeworfen wird. Der Spritzbewurf ist ein eher flüssiger Mörtel, der deckend oder fast deckend auf das Mauerwerk aufgebracht wird. Lockerer Putz und Staub werden vorher entfernt, der Untergrund vorgenäßt.

Der Spritzbewurf besteht normalerweise aus Zementmörtel, bei kleineren Ausbesserungsarbeiten kann jedoch der Mörtel für Unter- bzw. Oberputz verwendet werden. Feinkörnigem Fertigmörtel sollten Steine größeren Durchmessers beigemischt werden. Der Spritzbewurf muß nach dem Aufbringen Zeit haben abzubinden, je nach Witterung über Nacht oder einen Tag Wartezeit. Eine Alternative zum Spritzbewurf ist bei kleineren

6

7

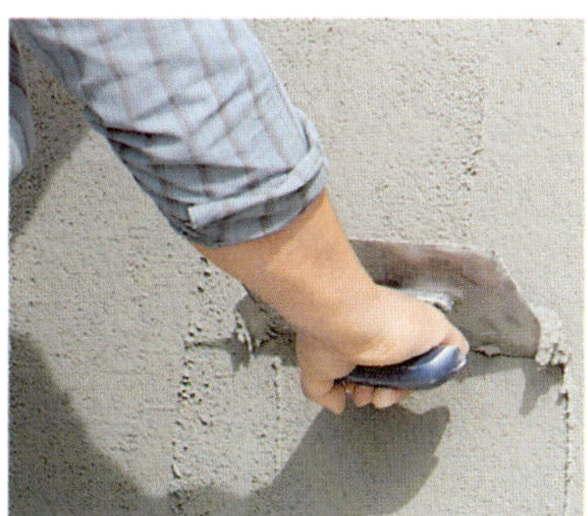

5

8

9

10

11

Flächen das Einschlämmen des Untergrunds mit verdünntem Mörtel (siehe dazu Seite 82).

4-5 Der Spritzbewurf muß vor dem Aufbringen des Unterputzes vorgenäßt werden. Der Mörtel des **Unterputzes** hat eine eher sahnige Konsistenz. Da das Auftragen des Mörtels mit der Kelle für den Laien schwierig ist, empfiehlt sich der Auftrag mit der Traufel (Glättkelle). Soll der Mörtel in größerer Dicke aufgetragen werden, z. B. wegen Unebenheiten im Untergrund, empfehlen sich zwei Arbeitsgänge. Der zweite Auftrag kann erst erfolgen, wenn die erste Schicht soweit angezogen hat, daß sie tragfähig ist. Das kann bei saugfähigen Untergründen schon nach wenigen Minuten der Fall sein, bei wenig saugfähigen Untergründen und feuchter Witterung aber auch eine Stunde und mehr dauern.

12

6 Der Unterputz muß eine ebene Oberfläche ergeben. Er wird daher, solange er noch geschmeidig ist, mit einer Putzlatte abgezogen. Der Heimwerker verwendet dazu meist ein gerades Brett oder eine gerade Latte.

7 Anschließend glättet man den Unterputz mit einem Reibebrett, das vorher angenäßt wurde. Gleichzeitig wird er dabei verdichtet. Beim Abziehen mit der Putzlatte und dem Glätten muß man darauf achten, daß der Putz so abgezogen wird, daß der Oberputz noch Platz hat, ohne später überzustehen.

8-9 Zum Putzen von Ecken werden Putzlatten verwendet, die mit Putzhaken befestigt werden – am besten in einer Mörtelfuge. Der angeworfene oder aufgetragene Putz wird mit einer Richtlatte oder einem geraden Brett abgezogen und anschließend mit dem Reibebrett geglättet. Zum Schluß erfolgt ein Schnitt mit einer angenäßten Kelle oder Spachtel entlang der Putzlatte, damit der Putz beim Entfernen der Latte nicht abbricht.

10 Vor dem Erstarren, wenn sich der Putz also bei Berührung schon fest anfühlt, wird der Unterputz aufgerauht, z. B. mit einer Nagelleiste, damit der **Oberputz** genügend gut haftet. Der Unterputz muß nun mindestens eine Nacht abbinden, daß man ihn mit dem Fingernagel nicht mehr einritzen kann. Der Unterputz wird vor dem Auftrag des Oberputzes vorgenäßt.

11-12 Ein Oberputz ohne weitere Anforderungen an die Kornzusammensetzung ist der **Kellenstrichputz**. Der Putz wird in sahniger Konsistenz mit der Traufel in einer Stärke von etwa 1, 5 cm aufgetragen, mit der Latte grob abgezogen und mit der Kelle so strukturiert, daß die Kellenstriche sichtbar sind.

13 **Spritz- und Reibeputze** erfordern meist eine bestimmte Körnung des Mörtels. Normaler Putzsand wird häufig in Körnungen von 0 bis 3/7 mm geliefert. Bei Spritz- und Reibeputzen werden zum Teil gröbere Körner beigemischt. Je nach den Zuschlägen entstehen regelmäßige oder unregelmäßige, grobere oder feinere Strukturen. Für viele Putzstrukturen gibt es Fertigmörtel, die zumindest eine ähnliche Struktur ergeben.

14 Der etwas flüssigere Spritzputz muß mit der Kelle angeworfen werden, eine kleine Kelle erleichtert die Arbeit.

15 Die Struktur des Reibeputzes entsteht durch Reiben mit dem vorher angefeuchteteen Reibebrett in kreisförmigen oder geraden Bewegungen. Die Putzstruktur wird im wesentlichen bestimmt durch das größte Korn im Putzsand.

16 **Feinputzflächen** gestalten Umrahmungen von Fensterflächen, aber auch im Sockelbereich wünscht man häufig eine ebene Oberfläche. Verwendet werden dabei am besten fabrikmäßig vorgemischte Feinputze für den Außenbereich. Diese Fertigfeinputze müssen nur noch mit Wasser angerührt werden, sollen zum Auf-

14

15

13

16

17

18

19

trag eine sahnige Konsistenz besitzen und werden mit der Traufel etwa 1 bis 2 mm dick auf den vorgenäßten Unterputz aufgetragen und dabei grob verteilt.

17 Die Feinverteilung wird mit einem Schwammbrett vorgenommen, das zu diesem Zweck vorher angefeuchtet und bei Bedarf – beispielsweise wenn die Feinputzschicht schon zu trocken ist – etwas in Wasser getaucht wird, so daß oberflächlich angetrockneter Feinputz wieder verarbeitbar wird. In kreisenden Bewegungen wird der Putz geglättet, bis alle Schatten und Abstufungen verschwinden.

Ausbessern von Putzoberflächen

Für alle Reparaturen an Putzoberflächen gilt: Alle lockeren und mürben Putze müssen entfernt werden. Da man den genauen Putzaufbau in der Regel nicht kennt, empfiehlt es sich, den Putz bis zur Maueroberfläche bzw. dem Spritzbewurf zu entfernen.

20

18-20 Kleinere Putzschäden bessert man mit der Malerspachtel oder mit Stukkateurkelle bzw. -eisen aus. Der Untergrund wird wie bei allen Putzreparaturen gesäubert und vorgenäßt. Mit einem Pinsel oder einer Bürste, die vorher angefeuchtet werden, gleicht man die Struktur dem Umgebungsputz an. Dabei werden auch feine Spalten geschlossen, die ein Eindringen von Feuchtigkeit begünstigen würden.

21-22 Müssen tiefere Löcher mit Mörtel geschlossen werden, so vermauert man kleinere Steinbrocken mit. Gut geeignet sind saugfähige Materialien wie Ziegel oder Porenbeton, da sie einen Teil des Anmachwassers binden und so eine rasche Weiterarbeit ermöglichen. Der Untergrund wird vorgenäßt, anschließend wird in das Loch Mörtel eingebracht. Saugfähige Steinbrocken werden ebenfalls angenäßt und in den noch nassen Mörtel eingedrückt.

Anschließend wird wieder Putz aufgebracht. Gegebenenfalls muß man nun warten, bis der Mörtel etwas angezogen hat, d. h. bis ihm soweit Wasser entzogen wurde, daß er für die nächste Schicht genügend tragfähig ist.

23-24 Kleinere abgeplatzte Mauerecken kann man auch ohne Putzlatte mit einer kleinen Kelle oder Stukkateurspachtel ausbessern. Verwendet man feinkörnigen Mörtel, kann man im gezeigten Fall auf eine Feinputzschicht verzichten, wenn man den geglätteten Mörtel etwas nachschleift. Zum Glätten verwendet man das Schwammbrett, das in kreisenden Bewegungen immer von der Kante zur Mauerfläche hin bewegt wird.

25 Für den Sockelbereich wird in der Regel Zementmörtel verwendet. Einen sauberen und dichten Abschluß gegenüber Gehsteig oder Plattenbelag erhält man nur durch sorgfältiges Verpressen des Mörtels und Anpassen der Anschlußstellen durch einen Pinsel.

26 Das Maurerwerkzeug muß nach dem Gebrauch sorgfältig mit Wasser gereinigt werden.

21

22

23

24

25

26

Fehlstellen an Mauerecken ausbessern

1

2

3

An Außenecken kann es leicht passieren, daß durch einen harten Stoß Mauerwerk oder Putz ausbricht. An gestrichenen Wänden lassen sich solche Schäden leicht mit einem **speziellen Klebemörtel** (siehe Grundkurs Ausbesserungsmörtel, Seite 44) auffüllen. Er wird anschließend wieder im entsprechenden Farbton angestrichen. Bei naturfarbenen Vormauersteinen bleibt allerdings nichts anderes übrig, als den schadhaften Stein herauszustemmen und einen neuen Stein einzusetzen. Ein vorsorglicher Bauherr behält für solche Fälle von allen Steinen und Platten einen kleinen Vorrat aus der Bauzeit.

1 Je nach Größe der ausgebrochenen Ecke kann man die Stukkateurkelle, eine längere Glättekelle oder einen Aufziehspachtel als **Hilfsschalung** an der einen Wandseite verwenden. Mit dem Stukkateureisen läßt sich dann der Ausbesserungsmörtel schichtweise in die so entstandene Öffnung streichen. Wenn man die Fläche der Bruchstelle leicht anfeuchtet, bekommt der Mörtel noch besseren Kontakt zum Baustoff.

2 Anschließend stützt man den Mörtel an der Gegenseite mit der Kelle ab, um die zweite Mörteloberfläche glattzustreichen und überschüssigen Mörtel abzunehmen.

3 In gleicher Reihenfolge werden dann die Oberflächen mit angefeuchtetem Werkzeug geglättet. Achten Sie darauf, daß der Ausbesserungsmörtel an den Rändern einen **geschlossenen Übergang** zum Mauerstein bekommt.

4 Abschließend mit einem angefeuchteten Rundpinsel die zuvor schon provisorisch eingeformte Mauerfuge nachformen und glätten. Bei Putzflächen können Sie die Oberflächenstruktur nachahmen, wenn Sie mit dem Pinsel feuchten Sand vorsichtig in die Oberfläche drücken.

4

Betonoberflächen ausbessern

Beton wird aus Kies bestimmter Sieblinie, Zement und Wasser hergestellt. Vor allem tragende Bauteile werden mit Stahleinlagen bewehrt, so daß für den jeweiligen Zweck eine genügende Tragfähigkeit entsteht. Im Fassadenbereich entstehen Schäden an Betonoberflächen vor allem im Sockelbereich oder an Balkonen und Terrassen. Rechtzeitige Reparaturen können schwerwiegendere Schäden am Baustahl und die dann nötigen umfangreicheren Sanierungsmaßnahmen vermeiden.

Betonoberflächen schützen

Schäden an Beton entstehen vor allem durch unzureichende Zusammensetzung, unzureichende Verarbeitung oder durch Umwelteinflüsse. Poröse Betonoberflächen nehmen Wasser auf und können zu Absprengungen oder zur Rostung des Baustahls führen. Reinigung, Ausbesserung und Anstriche können Beton vor Zerstörung bewahren.

1 Beton muß vor Anstrichen und Ausbesserungen von Schmutz, Moos- und Algenbewuchs gereinigt werden. Gegebenenfalls ist eine Behandlung mit Fungiziden bzw. Algiziden notwendig.

2-3 Vor allem poröse Oberflächen und Kiesnester müssen ausgebessert werden. Höchste Zeit wird es, wenn bereits die ersten Rostflecken sichtbar werden – Zeichen für die beginnende Zerstörung. Zur Ausbesserung von Beton verwendet man spezielle Betonspachtelmassen, die für Wasser weitgehend dicht sind. Kleinere von Rost befallene Stellen müssen sorgfältig entrostet und mit Rostschutzmitteln geschützt werden. Anstrich und Hydrophobierung können zusätzlich schützen.

Betonsanierung

Hat Rost durch sein größeres Volumen Betonschichten bei statisch wichtigen Elementen bereits abgesprengt, muß Beton saniert werden. Bei fachgerechter Sanierung muß der Baustahl durch Sandstrahlen entrostet werden, sodaß eine stahlblanke Oberfläche entsteht, anschließend mit Rostschutzmitteln behandelt werden. Zum Schluß erfolgt eine hohlraumarme Verspachtelung mit Betonspachtelmassen. Da eine ausreichende Entrostung mit den dem Heimwerker zur Verfügung stehenden Werkzeugen nicht möglich ist, ist Betonsanierung Sache des Fachmanns, eines Malerbetriebs.

1

2

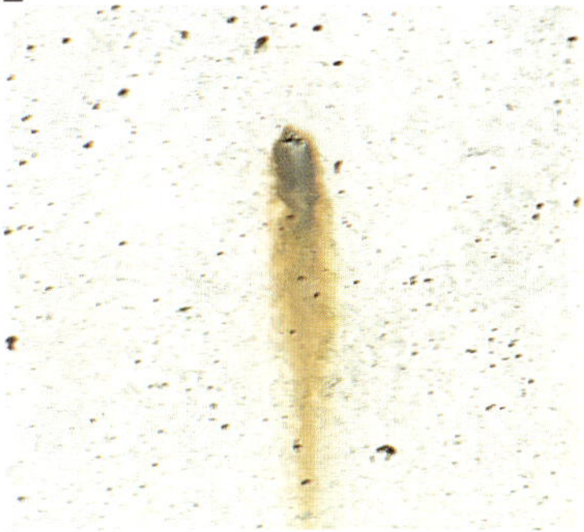

3

Putze und Anstriche an Fachwerk

1

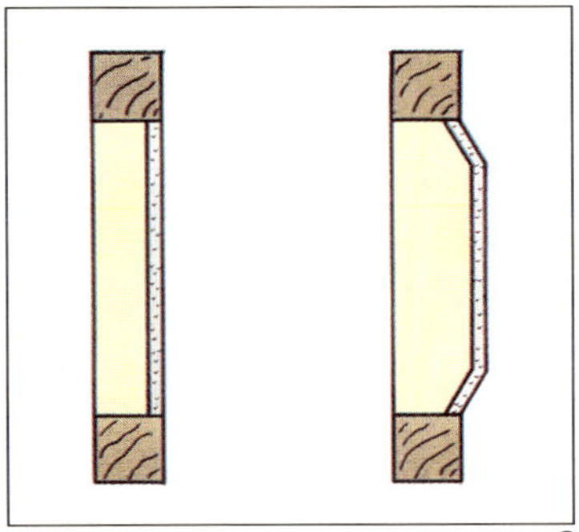

2

3

Fachwerke sind Holzskelettkonstruktionen. Die statisch wirksamen Kräfte werden über die Fachwerkhölzer abgeleitet. Die Ausfachungen wurden ursprünglich aus Flechtwerk und Strohlehm hergestellt. Später und regional verbreitet sind auch Ausfachungen aus Ziegel, seltener von Natursteinen, heute auch aus gut wärmedämmenden modernen Baustoffen wie Porenbeton.

Grundlegende Probleme

1-2 Fachwerkhölzer sind je nach Konstruktion des Hauses meist direkter Niederschlagsfeuchtigkeit ausgesetzt. Sie müssen daher in jedem Fall mit geeigneten Anstrichen oberflächenbehandelt, gegebenenfalls auch mit Holzschutzmitteln geschützt werden. Die Gefache müssen so ausgeführt werden, daß Niederschlagsfeuchtigkeit schnell abfließen kann. Der Putz darf deshalb nicht hinter die Holzoberfläche zurücktreten, aber auch nicht senkrecht über die Holzoberfläche vorstehen, da sich die Nässe sonst staut. Der Putz muß entweder bündig mit den Fachwerkhölzern abschließen oder er muß schräg an die Hölzer herangeführt werden. Fachwerkhäuser ohne zusätzliche Dämmung sind vergleichsweise wenig wärmedämmend, so daß es in Gefachen zur Kondensation von Wasserdampf kommen kann, wenn die Anstriche auf den Gefachen zu dicht sind. Deshalb sollten nur gut diffusionsfähige Anstriche verwendet werden. Auch die Putze müssen eine gute Diffusionsfähigkeit besitzen. Deshalb dürfen keine Zementputze eingesetzt werden, nur Kalk- oder Fertigputze mit geringem Zementanteil. Diffusionsoffene Putze fördern auch die Austrocknung nach dem Eindringen von Feuchtigkeit in den unvermeidlichen kleinen Spalt zwischen Holzfläche und Ausmauerung.

Anstrich von Fachwerkhölzern

3 Der Anstrich erfolgt mit pigmentierten Lasuranstrichen, mit deckenden Dispersions-Holzschutzfarben oder mit Leinöl-Standölanstrichen. Letztere sind vor allem regional verbreitet. Bei bereits vorbehandelten Hölzern muß der Anstrich bestimmt werden, damit die geeigneten Neuanstriche darauf haften.

Die Holzoberflächen müssen gesäubert werden, Putzreste und lockere Farbstellen entfernt man mit geeigneten Werkzeugen wie Bürsten und Schleifvliesen.

Moose und Algen bekämpfen

Moose, Algen und Flechten beeinträchtigen nicht nur das Erscheinungsbild einer Fassade, sie halten Feuchtigkeit zurück und begünstigen somit den Alterungsprozeß. Zur Bekämpfung und Vorbeugung werden Fungizide bzw. Algizide eingesetzt. Die Angaben der Hersteller müssen jeweils beachtet werden.

Bekämpfung

Fungizide oder Algizide werden in einer wäßrigen Lösung auf die befallenen und gefährdeten Stellen aufgetragen. Sie bewirken ein Absterben der Pflanzenteile sowie der Sporen. Damit Putz oder Mauerwerk die Lösung aufsaugen können, müssen sie trocken sein. Die Behandlung sollte daher vor einer eventuellen Reinigung mit einem Hochdruckreiniger durchgeführt werden, da zum einen das Mauerwerk stark durchfeuchtet wird und die Saugfähigkeit somit herabgesetzt wird, zum anderen aber Sporen tief in die Kapillaren eingetrieben werden.

1 Stark befallene Stellen werden zuvor trocken mit der Drahtbürste gereinigt , da die Lösung sonst nur schlecht vom Untergrund aufgesaugt wird.

2 Auf die gereinigte oder nur wenig befallene Fläche wird die Fungizidlösung mit der Bürste satt aufgestrichen.

3 Nach der vorgeschriebenen Einwirkzeit wird der Pflanzenbewuchs mit der Drahtbürste und Wasser gründlich entfernt, eventuell unter Zuhilfenahme eines Hochdruckreinigers.

Vorbeugung

Soll ein Wiederbefall verhindert werden, erfolgt gegebenenfalls die gleiche Behandlung noch einmal ohne Nachreinigung mit Wasser. Gegebenenfalls wird auch die Fassadenfarbe für diesen Bereich fungizid ausgerüstet, d. h. es werden der Farbe Fungizide beigemischt. Vorbeugung besteht im wesentlichen darin, dem Bewuchs die wichtigste Lebensgrundlage zu entziehen: die Feuchtigkeit. In vielen Fällen ist dies durch einfache Reparaturen möglich, z. B. der Reparatur einer undichten Regenrinne. In bestimmten Fällen empfiehlt sich eine Hydrophobierung des Anstrichs, im Sockelbereich auch eine Verringerung der Spritzwasserbelastung, z. B. durch einen Streifen mit grobkörnigem Rundkornschotter.

1

2

3

Fassadenfarbe auftragen

1

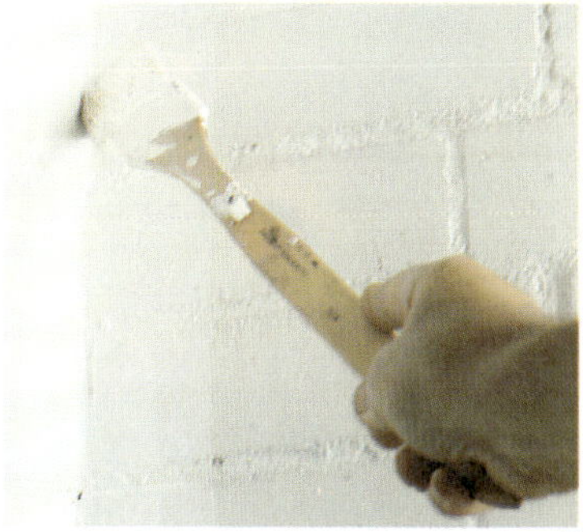
2

3

Mit Farbe angestrichene Fassaden bleiben nicht für immer schön. Eine **hochwertige Fassadenfarbe** kann, wenn keine besonderen Verschmutzungen auftreten, selbst auf weißem Sichtmauerwerk aber doch bis zu 25 Jahren halten. Der Arbeitsablauf beim Farbauftrag ist bei allen Farben ähnlich. Der Anstrichaufbau richtet sich nach Anstrichmittel und Untergrund (siehe Seite 26 und 28).
Für farbige Fassaden ist es sinnvoll, die Auswahl auf die vom Farbenhersteller angebotenen Standardfarbtöne zu beschränken. Selbst abtönen und mischen ist bei der relativ großen Gesamtmenge für ein Einfamilienhaus nicht sinnvoll. Auch auf Sichtmauerwerk wird die Farbe fachgerecht nach dem üblichen Prinzip »Auftragen, Verteilen, Egalisieren« verarbeitet. Bei einem Erneuerungsanstrich im bisherigen Farbton sollte mit einer Qualitätsfarbe ein Deckanstrich ausreichen. Verschmutzungen sollte man aber nicht unter der Farbe verstecken, sondern zuvor abfegen oder – falls erforderlich – auch abwaschen. Auf eine Grundierung kann man bei intaktem Altanstrich meistens verzichten. Fugen auf jeden Fall nach Fehlstellen absuchen und ausbessern.

1 Bei einem fachgerechten Anstrich werden zuerst die Anschlüsse mit dem Pinsel vorgestrichen. Vorzugsweise erfolgt dies mit einem **abgewinkelten Heizkörperpinsel**, mit dem sich die Farbfläche auch an den Anschlüssen zu Blenden oder Fensterrahmen gerade begrenzen (beschneiden) läßt.

2 Ebenso sollten die Innenecken vorgestrichen werden, weil man auch mit einem kleinen Farbroller nicht weit genug in die Ecken kommt.

3 Auch sehr tiefe Fugen sollte man besser zunächst vorstreichen, damit man beim Flächenauftrag zügig durcharbeiten kann.

4 Bei Sichtmauerwerk die Farbe zunächst quer auftragen,

5 dann senkrecht verteilen

6 und wieder quer egalisieren.

Ein Profi würde lachen, sollte er mit einer kleinen 120 mm Perlonflorwalze eine Fassade streichen. Er achtet auch nicht so besonders darauf, daß Farbe nur aufs Mauerwerk kommt, und beherrscht den

Umgang mit gut 25 cm breiten, gepolsterten Fellrollern am verlängerbaren Teleskopstiel.
Heimwerkern fehlt aber meistens die Übung im Umgang mit so großen Werkzeugen. Wenn man sich die Zeit nehmen kann, dann läßt sich mit einem halb so breiten Farbroller diese Arbeit leichter bewältigen und auch ein **zufriedenstellendes Ergebnis** erreichen – vor allem auf Sichtmauerwerk, bei dem auch die tiefer liegenden Fugen genügend Farbe erhalten sollen. Ebenso ist das Aufnehmen der Farbe aus dem Eimer einfacher. Mit etwas Übung kann man sogar auf das Abstreifsieb verzichten, wenn man die Walze nur auf der Farboberfläche im Eimer abrollt. Fassadenfarbe soll ja ohnehin schwemmend, das heißt nicht zu sparsam, aufgetragen werden. Trotzdem darf man nicht zuviel Farbe in den Arbeitseimer füllen. Farbroller und Vorstreichpinsel sollen höchstens gerade in die Farbe eintauchen, wenn man sie bei Unterbrechungen am Rand in den Eimer hängen will. Der Farbroller läßt sich am entsprechend gestalteten Griff einhängen. Am Pinsel hält eine, als Haken auf den Stiel geschraubte, Kabelschelle das Werkzeug am Eimerrand.

Der Versuch, auf diese Art und Weise zu arbeiten, lohnt sich auf jeden Fall. Auch weil dann die Reinigung der kleineren Werkzeuge erheblich einfacher ist.
Verwendet man wasserfreie Farbe, ist warmes und trockenes Wetter zu meiden. Das Lösemittel in der Farbe verdunstet zu schnell; wenn der Anstrich trocken ist, können Ansätze sichtbar werden. Das kann auch passieren, wenn die einzelnen Arbeitsabschnitte nicht feucht in feucht ineinander übergehen, oder wenn man mitten in einer Wandfläche unterbrechen muß. Wasserfrei bedeutet, daß in einem Lösemittel verteilte Polymerisatharze als Bindemittel auf der Wand zu einer besonders widerstandsfähigen Schicht auftrocknen. Außerdem läßt sich ein solcher Anstrich auch noch bei Temperaturen um 0° C oder bei feuchter Witterung verarbeiten, solange das Mauerwerk nur halbwegs trocken ist. Zum Verdünnen ist die passende Grundierung geeignet, und für die Werkzeugreinigung nimmt man Testbenzin. Wasserfreie Fassadenfarbe (Duparol) bekommt man übrigens kaum in Heimwerker- und Baumärkten, sondern besser über den Handwerker beim Malereinkauf.

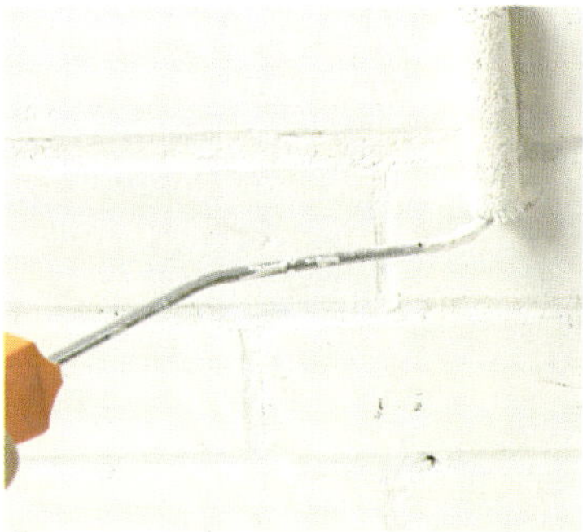
4

5

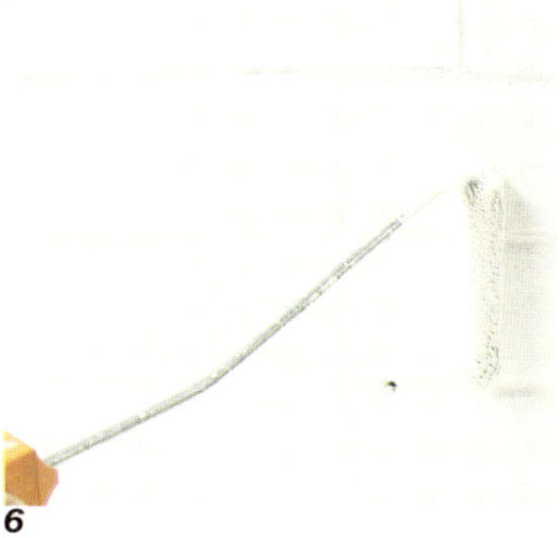
6

Mauerwerk nachträglich verkieseln

1

2

3

Bei **ständig feuchtem Mauerwerk** sind Schäden nicht zu vermeiden. Sei es, daß Anstriche oder Mauersteinteile durch Frosteinwirkung abplatzen oder Ausblühungen, Schimmel- und Fäulnis die Mauern zerstören. Auch wenn die Ursachen bekannt sind, ihre Beseitigung gestaltet sich oft recht schwierig. Denn die Stellen, wo eine korrekte Abdichtung fehlt, die das Eindringen von Feuchtigkeit verhindern könnte, sind am fertigen Bauwerk nur noch schwer erreichbar.

Die nachträgliche Verkieselung ist zwar ein aufwendiges, jedoch seit Jahrzehnten **bewährtes Verfahren**. Gemessen an den möglichen Schäden ist es in aller Regel aber auch wirtschaftlich. Es ist ein chemisch-physikalischer Vorgang, der in jedem saugfähigen, mineralischen Baumaterial ablaufen kann und einer künstlichen Versteinerung gleicht.

Dazu sind flüssige Kieselsäureverbindungen möglichst tief in die Wand einzubringen. Dort können sie sich ohne Zwischenräume verteilen. Zum Beispiel, wenn aufsteigende Feuchtigkeit durch eine waagerechte Wassersperrschicht im Mauerwerk sicher zu unterbinden ist.

1 Besonders intensiv ist die Wirkung, wenn das Mittel mit Druck über Injektoren in das Mauerwerk gepreßt wird. Das Mauerwerk darf aber noch nicht mürbe sein, da sonst die Injektoren keinen Halt finden und nicht dicht genug werden. Die Bohrungen für die Injektoren: 20 mm Durchmesser, etwa 30° schräg nach unten, stets in den Stein und nicht in die Fugen. Im Abstand von 10 bis 15 cm, je nach Saugfähigkeit der Mauer. Möglichst tief bohren, aber nicht ganz durch die Wand. Ein kräftiger Staubsauger befreit die Bohrungen vom Bohrmehl.

2 An die Injektoren wird nacheinander ein handelsübliches Drucksprühgerät angeschlossen, um die Bohrungen zu füllen. Den Behälter dazu vorher auf gut 3 bar aufpumpen. Den Füllvorgang erst beenden, wenn der Druck nach 30 Sekunden bei 3 bar konstant bleibt.

3 Nach erfolgreichem Verfahren kann man die Bohrungen, einschließlich Injektoren, mit Reparaturmörtel verschließen. Ein Feuchtigkeitsmeßgerät muß anzeigen, daß die Feuchtigkeit oberhalb der Bohrlochreihe langsam abnimmt.

4 Die Injektoren aus hochwertigem Kunststoff werden mit einem Nylon-Döpper in das Bohrloch getrieben, mit der Vorderkante nicht mehr als 2 bis 3 mm tiefer als die Wandfläche. Sie haben eingebaute Kugelventile. Dadurch bleibt das unter Druck eingepreßte Präparat auch so lange unter Druck, bis es sich weit in den Kapillaren des Mauerwerks verteilt hat.

5 Damit sich der Greifkopf am Nippel des Injektors noch gut festziehen läßt, sollten die Injektoren nicht tiefer als zuvor erwähnt eingetrieben werden. Später verschwinden sie unter der Reparaturmörtelschicht.

6 Die Injektoren aus Edelstahl spreizen sich mit ihrer Quetschdichtung in der Bohrung. Sie lassen sich nach erfolgreicher Verkieselung wieder demontieren und erneut verwenden.

Bei bereits mürbem aber noch tragfähigem Mauerwerk kann man auch 30 mm große Bohrungen mehrfach mit der Flüssigkeit füllen und versickern lassen. Die künstliche Versteinerung bewirkt gleichzeitig auch eine Härtung von Mauersteinen und Mörtel.

Vorbohren mit 8 mm Durchmesser und ein leistungsfähiger Bohrhammer erleichtern in jedem Fall die Bohrerführung und verringern den Kraftaufwand. Aber Vorsicht bei dünnen Wänden, zum Beispiel bei einer Vormauerschale. Die Bohrungen dürfen nicht ganz durch das Mauerwerk reichen.

Auch **senkrechte Abdichtungen auf der Oberfläche** lassen sich durch mehrfachen Anstrich und mit Hilfe eines speziellen Dichtungsmörtels erreichen. In jedem Fall muß das Mauerwerk für alle Verfahren der Verkieselung feucht oder gut vorgenäßt sein.

Falls erforderlich, ist für die Injektionen poröser Fugenmörtel durch wasserdichten zu ersetzen und die Fläche mit einer Dichtungsschlämme zu behandeln, damit das unter Druck eingepreßte Abdichtungskonzentrat nicht wirkungslos aus dem Mauerwerk quellen kann.

Kieselsäurelösungen wirken alkalisch. Die Sicherheitshinweise für die unterschiedlichen Anwendungen auf den Gebinden sollte man ernst nehmen.

Der mittlere Verbrauch je Meter Horizontalsperrschicht in 36,5 cm dickem Mauerwerk, liegt bei Bohrungen, die 34 cm tief sind, bei 5 kg.

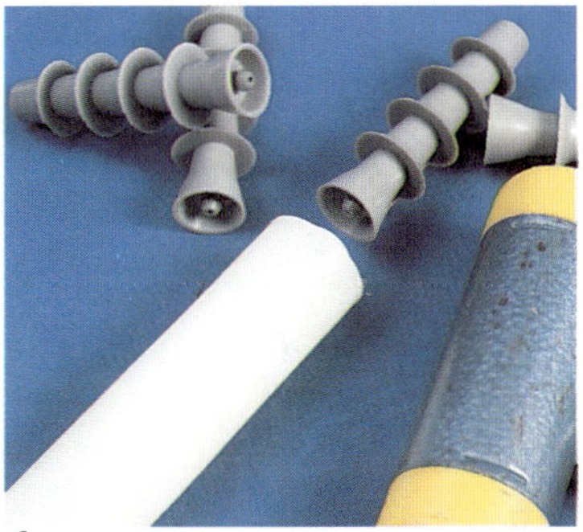

4

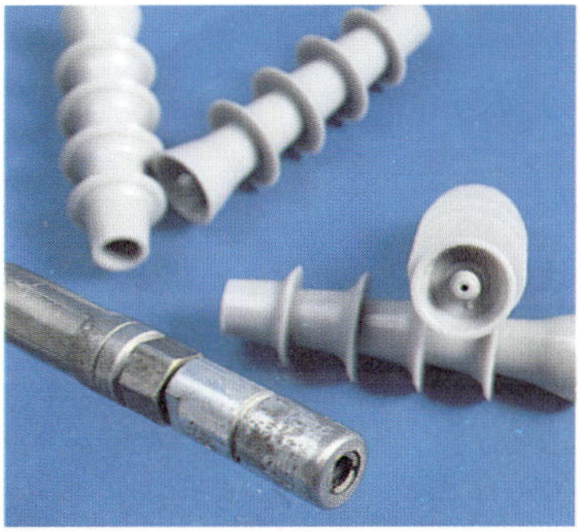

5

6

Putzfassade hydrophobieren

1

2

Die Ursache schadhafter Fassadenanstriche ist zuviel Feuchtigkeit, die ins Mauerwerk oder den Putz eindringen konnte. In der kalten Jahreszeit kondensiert die **Feuchtigkeit zu Wasser**, das gefriert, sich dabei ausdehnt und so im günstigeren Fall die Farbschicht von der Wandfläche abdrückt.
Falsch gewählte Mauersteine, ungenügende Isolierung gegen aufsteigende Feuchtigkeit oder schlechter Mörtel sind nur einige Baumängel mit dieser Auswirkung. Schwerwiegendere Schäden sind zu befürchten, wenn dabei sogar Stein- oder Putzflächen zerstört werden. Erhöhte Wärmeverluste bei **einschaligem**, feuchtem Mauerwerk sind ein weiterer Nachteil.
Wenn sich die Ursachen nicht mehr ändern lassen, kann eine Imprägnierung der Fassadenfläche bei mineralischen Baustoffen helfen. Mit einer Siloxanlösung (Siliciumverbindung), die sich chemisch mit dem mineralischen Untergrund verbindet, läßt sich das Eindringen von Feuchtigkeit verhindern. Ein nachfolgender Neuanstrich hält sicher. Bei dieser Art der sogenannten Hydrophobierung (wasserabweisend machen) rechnet man bei fachgerechter Ausführung mit einer Haltbarkeit bis zu 15 Jahren, unter einem intakten Fassadenanstrich ist die Haltbarkeit wesentlich länger.

1 Zuerst die Wandfläche gründlich von allen losen Farbteilchen befreien. Bei kleinen Flächen per Hand mit Drahtbürste und Stoßspachtel, größere Flächen mit rotierender Drahtbürste im Winkelschleifer, einem Hochdruckreiniger oder mit chemischen Mitteln arbeiten.

2 Ein paar Tage Sonnenschein sollten die Flächen gut getrocknet haben, damit sie reichlich Imprägnierung bis zur Sättigung aufsaugen können. In zwei bis drei direkt aufeinander folgenden Anstrichen. Flächenstreicher, Streichbürste oder Farbroller eignen sich zum Auftragen. Besonders rationell und gleichmäßig erfolgt der Auftrag mit dem Drucksprühgerät. In jedem Fall die Umgebung gegen Spritzer oder Sprühnebel schützen.

Für die Werkzeugreinigung sollte man das zum jeweiligen Produkt passende Lösemittel verwenden. Notfalls reicht auch Testbezin. Etwas umwelt- und verarbeitungsfreundlicher sind in Alkoholen gelöste Siloxane.

Verblendsteinfassade hydrophobieren

Die Ursache für feuchtes Mauerwerk muß nicht immer an Baumängeln liegen. Eine ungünstige Lage an der Wetterseite kann bewirken, daß in die äußere Oberflächenschicht vom Baustoff aufgenommenes Wasser nicht abtrocknen kann. Mit der Zeit kann sich die Wand nahezu vollsaugen. Ausblühungen (vom Wasser an die Oberfläche der Wand transportierte Salze) oder schlechte Wärmedämmung bei **einschaligem** Mauerwerk sind nur zwei der möglichen Folgen.

Bei gestrichenem oder verputztem Mauerwerk sollten schon diese Schichten die Durchfeuchtung ausschließen. Bei unbehandelten Verblendsteinen lassen sich ungünstige Voraussetzungen mit einer wasserabweisenden Imprägnierung auf der Basis von Silikonharz korrigieren. Durch das Harz wird das Mauerwerk so wasserabweisend, daß Regen in Tropfen abperlt. Es verändert weder den Originalfarbton der Steine, noch deren Durchlässigkeit für Wasserdampf.

Für **stark alkalischen Untergrund** über einem pH-Wert von 12,0, wie z. B. Sicht- oder Porenbeton, sind Imprägnierungen auf der Basis von Siloxan geeigneter.

1 Oft genügt schon das Abbürsten mit einem Stielschrubber. Verfestigten Schmutz muß man allerdings mit intensiver wirkenden Methoden angehen.

2 Die Imprägnierung kann man zwar auch mit Pinsel, Streichbürste oder Farbroller auftragen. Mit einem Drucksprühgerät läßt sich das Mauerwerk leichter so satt tränken, daß es sich wirklich vollsaugen kann. Zwei oder gar drei direkt aufeinander folgende Arbeitsgänge sind dafür notwendig. Zwischen 200 und 400 g/qm, je nachdem ob es sich um schwach oder stark saugfähigen Untergrund handelt, garantieren dauerhaften Schutz.

Beim Aufsprühen von Silikonimprägnierung beginnt man an der Oberkante und läßt das Mittel als Film am Mauerwerk herunterlaufen. Nach etwa 30 cm sollte der Film versiegen. Grundsätzlich nur bei trockener Witterung imprägnieren und die gesamte Umgebung, insbesondere Glasflächen der Fenster und ihre Rahmen und den Boden mit Plastikfolie oder aufsaugendem Karton abdecken. Besonders beim Sprühen kann auch die Umgebung leicht etwas abbekommen.

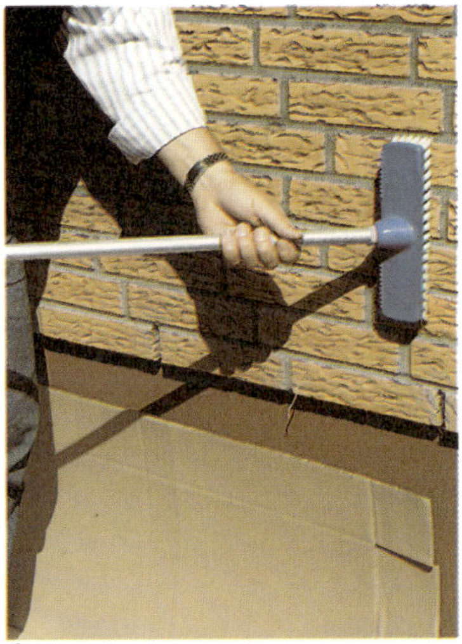

1

2

Fugen um die Außenfensterbank abdichten

1

2

Wenn am Fenster kalte Luft zu spüren ist oder es sogar zieht, müssen nicht unbedingt die Fugen zwischen Fensterrahmen und Fensterflügel undicht sein. Früher wurden die Fensterrahmen eingebaut und innen wie außen angeputzt. Putz haftet jedoch nicht auf dem Rahmen, und so bleiben feinste Ritzen und Fugen, durch die sich der Wind zwängen kann. Dagegen hilft nur eine **winddichte Abdichtung**, aber grundsätzlich nur von der Außenseite: entweder über der Außenfensterbank, der Sohlbank, zum Rahmen hin oder zwischen Fensterlaibung und Fensterrahmen. Für Abdichtungen, die sich nicht mit Putz oder Deckleisten schützen lassen, verwendet man Silikonkautschuk, der selbst ausreichend fest wird. Dafür sollte aber wenigstens eine Nut von 6 x 6 mm zur Verfügung stehen. In der Regel hat ein Fensterrahmen an der Unterkante der Außenseite einen Falz, in den die Sohlbank zum Teil hineinragt.

1 Wenn man dort den möglicherweise schon bröckeligen Mörtel ausräumt, entsteht genügend Platz für die Abdichtung. Ist die Aussparung zu tief, kann man zuerst noch eine dünne PE-Schaumschnur hineinstopfen, um Wärmebrücken zu unterbinden.

2 Die restliche Nut mit Silikonkautschuk aus der Kartusche in der Handdruckpistole füllen. Dafür soll die Düsenöffnung etwa der Nutbreite entsprechen. Nur kurze Strecken von etwa 30 cm füllen, damit die Dichtmasse noch keine Haut bilden kann, bevor sie

3

4

3 mit Spülmittelwasser eingesprüht und

4 in einer durchgehenden Bewegung mit dem Kugelglätter abgezogen werden kann. Durch reichliches Einsprühen bleiben keine überschüssigen Reste vom Silikonkautschuk auf den Flächen. Falls doch Reste bleiben, lassen sie sich einfach abziehen.

Abdichtung zwischen Mauerwerk und Fensterrahmen

Auch zwischen Fensterlaibung und Fensterrahmen muß die Abdichtung **von außen** erfolgen, denn bei einer Abdichtung von der Innenseite findet der Wind immer noch offene Ritzen. Die Ritzen zwischen Mauersteinen oder Putz und Rahmen sind jedoch meistens zu fein, um sie wirkungsvoll abzudichten. Allerdings sind sie nicht fein genug, um kalte Luft durchzulassen, wenn der Wind mit Kraft auf das Fenster drückt.

Bei Verblendmauerwerk bleibt kaum etwas anderes übrig, als eine breite Dichtungsraupe mit dreieckigem Querschnitt in die Ecke zu spritzen und sie unter einer entsprechend profilierten Deckleiste zu verstecken. Wer sich das Glattstreichen sparen will, kann die Leiste auch gleich über der frischen Dichtungsraupe befestigen.

An einer verputzten Laibung läßt sich ein Spalt für die Dichtungsmasse schaffen. Hierfür ist die Abdichtung mit **Acryldichtungsmasse** besser geeignet. Sie kann auch nur wenige Millimeter breite Fugen abdichten, wenn man sie anschließend überputzt oder anstreicht.

1 Für einen ausreichend breiten und tiefen Spalt zunächst den Putz schräg zum Rahmen hin abstemmen. Mit einer Trennscheibe läßt sich der Spalt zwar auch herstellen. Abgesehen vom anfallenden Staub, muß man für die Ecken letztlich aber doch zum Meißel greifen.

2 Gelockerte Putzbrocken lassen sich auch mit der Meißelkante aus dem Spalt schlagen, um ihn möglichst tief auszusparen.

3 Die Dichtungsmasse möglichst tief und fest in den Spaltgrund pressen.

4 Wenn sich eine Haut gebildet hat, den Spalt vornässen, mit Reparaturmörtel füllen und glätten. Überschüssige Reste von Fensterrahmen und Laibung mit mäßig nassem Schwamm abwaschen.

2

3

1

4

Mauerabdeckung aus Zinkblech instandsetzen

1

2

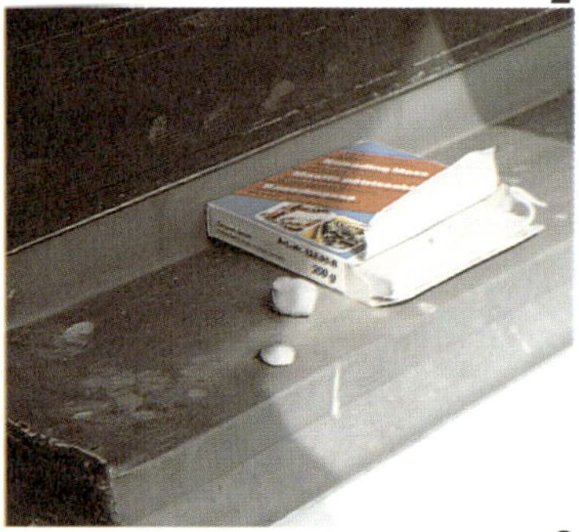
3

Verzinktes Blech ist zwar recht korrosionsfest. Es wird in der Regel jedoch aufgenagelt. Mit der Zeit versprödet die unter den Nagelkopf gelegte Dichtscheibe. Außerdem sind sowohl der Stahlnagel wie auch das entstandene Loch ungeschützt, und eindringendes Regenwasser läßt beides rosten. Dem kann man jedoch rechtzeitig vorbeugen, wenn diese Befestigungspunkte rostgeschützt und abgedichtet werden.

1 Staub und Schmutz sind zunächst von der Blechverwahrung zu entfernen. Falls notwendig, kann man sie auch mit Wasser und Schwamm abwaschen. Dabei aber nicht die angewitterte Oxydschicht auf der verzinkten Oberfläche zerstören, denn sie verbessert den Korrosionschutz.

4

2 Von den angerosteten Befestigungspunkten nur den losen Rost entfernen. Fester Rost bleibt und wird mit einem Rostumwandler chemisch in eine Schutzschicht verändert. Ein zweiter Auftrag mit dem Mittel erzeugt eine haftfeste Grundierung, die wenigstens einen Tag trocknen sollte.

3 Zur Abdichtung gegen Regenwasser nimmt man am besten Knetdichtmasse. Ein kleines Stück davon zu einer Kugel formen und auf den Nagelkopf drücken. Beim Anformen mit etwas angefeuchtetem Finger soll daraus eine Halbkugel entstehen. Wenn Ihnen dabei die Dichtmasse an den Fingern klebt, lassen sich mit einem etwas größeren Stück der Knetdichtmasse überschüssige Reste leicht abtupfen.

4 Nach einigen Tagen hat sich auf der Knetmasse eine feste Haut gebildet, die auch ohne Anstrich witterungsbeständig ist.
Wenn Sie die Gelegenheit jedoch für einen Anstrich nutzen wollen: Auf angewittertem Zinkblech haften alle Lacke und Farben, auf noch glänzender Zinkschicht, ohne Haftvermittler, haftet dagegen nur Acryllack.

Schließbeschläge korrigieren

Wenn Fenster oder Fenstertüren nicht mehr dicht schließen, kalte Luft durch die Ritzen zieht oder gar Regen eindringen kann, liegt die Ursache häufig an verschlissenen Schließblechen für die Rollenzapfen am Stangenriegel. Selbst bei intakter Falzdichtung kann etwas zuviel Abstand auch den Falz undicht werden lassen. Mit einem alten Schließblech als Muster muß man zunächst einmal versuchen, beim Hersteller oder im Baubeschlaghandel passenden Ersatz zu bekommen. Geringe Maßdifferenzen lassen sich durch entsprechenden Einbau ausgleichen. Das ist bei etwas größeren Ersatzbeschlägen einfacher, weil sich Aussparungen leichter erweitern als verkleinern lassen.

1 Zuerst sollten Sie die alten Schraubenlöcher ausfüllen. Dazu geben Sie Leim in die Bohrung, schlagen einen Holzsplint ein und stechen ihn mit dem Stecheisen bündig ab.

2 Mit Stech- und Hohleisen läßt sich die alte Aussparung paßgenau erweitern. Die Schließkraft des Riegels kann erhöht werden, wenn man den Belag etwas weiter nach hinten einbaut. Bei mehr als 3 mm Abstand im Rahmenfalz faßt der Rollenzapfen nicht weit genug in das Schließblech. Erhöhter Verschleiß ist zu befürchten.

3 Eine Unterlage aus dünnem Sperrholz oder Alu-Flachprofil bringt die Beschläge näher zueinander. Gemeinsam eingespannt lassen sich die Beilagestücke genau der Schließblechform anpassen.

4 Bei der Montage preßt eine Schraubzwinge den Beschlag in die Aussparung. Zweikomponentenkleber kann dabei zwar die Stabilität verstärken. Ein späterer Beschlagwechsel ist dann jedoch nicht mehr ganz einfach. Zusätzliche Dichtungsprofile können, außen am Blendrahmen aufgenagelt, die Falzdichtungen entlasten.

1

2

3

4

Kittbett der Scheiben abdichten

1

2

3

Auch an hochwertigen Fenstern kann das Kittbett auf der Außenseite nach etlichen Jahren verspröden. Möglichst tiefes Entfernen der versprödeten Kittoberfläche und anschließendes sorgfältiges Versiegeln mit elastischer Dichtungsmasse verhindern Folgeschäden.
Zur Instandsetzung ist soviel Kitt schräg nach innen zur Scheibe hin abzutragen, daß eine V-Nut entsteht, die auch etwa 2 mm über das Holz reicht. Dabei sollte man immer nur dünne Schichten abschälen und auf die Holzmaserung achten, damit die Schneide vom Messer oder Stecheisen nicht in das Holz gezogen wird.

1 Mit scharfer Messerklinge geht das Abschälen, wenn auch etwas ungleichmäßig, notfalls recht gut.

4

2 Wenn man mit dem Stecheisen gut umgehen und es auch einwandfrei schärfen kann, fällt das Ergebnis in Handarbeit besser aus.

3 Mit einem Gratfräser in der Oberfräse arbeitet man einfacher und perfekter. Die Grundplatte der Maschine ist mit einer selbstgefertigten, etwa 120 mm langen Hilfsführung auszurüsten. Nachdem die Längskante genau eingerichtet und angepaßt wurde, ist die Führung auf genaue Länge zu bearbeiten und an wenigstens zwei Stellen mit der Grundplatte zu verschrauben. Der Fräser bleibt etwa 0,5 mm vom Glas entfernt. Kittreste sind mit Stecheisen zu entfernen.

4 Zum Füllen muß man den Nutrand auf dem Holz mit Klebefilm eingrenzen und, je nach Produktanleitung, Haftprimer und später Silikonkautschuk auftragen. Die Fingerkuppe kann man dabei mit Spülmittelwasser naß machen, dann die Masse leicht andrücken, formen, die Oberfläche feinfühlig in einem Zug glätten und den Klebefilm abziehen. Die überschüssigen, festen Reste auf der Scheibe mit Messer- oder Stecheisenklinge einschneiden und mit einem Klingenschaber vorsichtig abstoßen.

Holzoberflächen lasieren

Bleibt man nach der Vorbehandlung bei dem jeweiligen Farbton, so genügt (bei ursprünglich ölhaltiger Lasur) ein satt aufgetragener Anstrich einer Imprägnierung oder farblosen Holzschutzlasur **»mit bioziden«** Wirkstoffen gegen biologische Organismen oder mit einer Klarlasur **»ohne biozide«** Wirkstoffe (siehe hierzu Seite 30). Um den Farbton aufzufrischen, kann man farblose Mittel auch mit der passenden Farblasur abtönen oder farbige Lasuren, im gleichen oder dunkleren Farbton – mit oder ohne Wirkstoffe – verwenden. Hell lasierte, stark verfärbte Oberflächen lassen sich nur dunkler lasieren oder mit deckenden Holzfarben wieder ansehnlich gestalten. Dabei ist zu bedenken: Je dunkler der Farbton, umso größer die durch Sonneneinstrahlung belastenden Schwankungen der Temperatur im Holz.

Wählen Sie speziell für Massivholz geeignete Anstriche. Das Holz muß durch offene Poren die Möglichkeit behalten, je nach Luftfeuchte unbeschadet Feuchtigkeit aufzunehmen und abzugeben. Als Bindemittel sollten möglichst Naturöle tief einziehen, die Farbpigmente (und Wirkstoffe) tief in die Oberfläche einbinden und damit die holzeigene Widerstandsfähigkeit unterstützen.

Beim Lasieren werden Pinselspuren durch die Holzmaserung unsichtbar. Bis zu 75 mm breite Flächenstreicher mit Naturborsten sind die richtigen Werkzeuge: Die Borsten nur 2 cm tief eintauchen, am Dosenrand abstreifen und den Pinsel jeweils möglichst trocken ausstreichen. So wird der Lasurauftrag gleichmäßiger. Pinselstiel und Hände bleiben sauber, auch wenn die Borsten beim Arbeiten nach oben zeigen. Die Farblasur ist in kurzen Abständen aufzurühren.

1 Erst sollte man die Schattenfugen satt vorstreichen, denn hier hält sich die Feuchtigkeit länger.

2-4 Die Lasur ist in Richtung der Holzmaserung aufzutragen, quer dazu zu verteilen und wieder in Maserrichtung zu egalisieren.

1

2

3

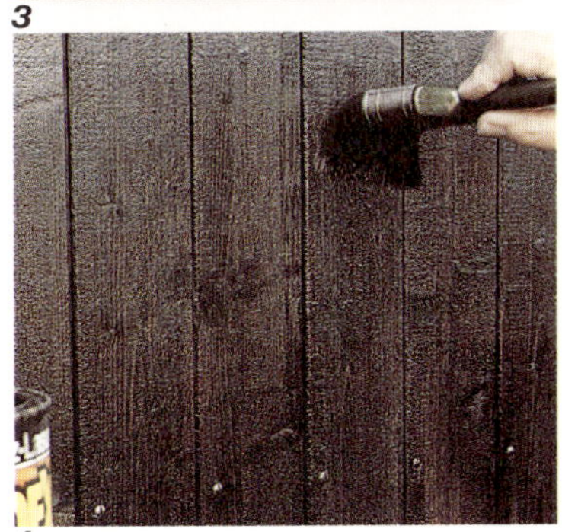

4

Profilbretter sicher befestigen

1

2

3

Wenn Profilbrettkrallen, Panelhaken oder auch Tackerklammern nicht aus Edelstahl sind, werden sie auf Dauer den Belastungen im Außenbereich nicht widerstehen. Die einzige sichere Befestigung, die Profilbretter auch daran hindert, sich nicht durch Witterungseinflüsse zu verziehen, sind von der Oberfläche aus in die Unterlattung gedrehte Schrauben 3,5 x 35 mm bis maximal 4,0 x 40 mm aus Edelstahl rostfrei. Eine Schraube je Profilbrett, 12 mm von der Kante an der Nutseite entfernt, genügt.
So bleibt dem Brett genügend Spielraum beim Ausdehnen und Schwinden. Denn es folgt durch Aufnahme und Abgabe von Feuchtigkeit den natürlichen Schwankungen der Luftfeuchte und kann sich so mit seiner Feder in der Nut im benachbarten Brett bewegen. Bei zwei Schrauben könnte das Brett reißen, und an diesen Rissen kann die Zerstörung durch biologische Organismen beginnen. Dies kann beispielsweise auch dann geschehen, wenn man die heute üblichen Kreuzschlitzschrauben ohne Vorbohren eindreht. Dann kann der Schraubenkopf die Holzfläche aufspalten.

4

1 Die Schraubenbohrungen sind mit einem Spitzbohrer in genau waagerechter Linie zu markieren. Auch eine gespannte Schnur kann die gerade Linie bestimmen.

2 Damit sich der Schraubenkopf fachgerecht eindrehen läßt, sollte man ihn um 0,5 mm mehr als der Schraubendurchmesser beträgt vorbohren.

3 In einer Ebene (bündig) mit der Holzoberfläche, ohne daß sich kleine Risse an der Bohrung bilden. Kreuzschlitzschrauben lassen sich ohne Rücksicht auf Schlitzstellung eindrehen.

4 Die klassisch perfekte Art ist die Befestigung mit Langschlitzschrauben, bei denen alle Schlitze akkurat in Richtung der Holzmaserung ausgerichtet sind.

Fassade mit Reibeputz renovieren

Reibeputz ist eine sehr dickflüssige Kunstharz-Dispersion mit einem hohen Anteil Mineralkörnung. Damit läßt sich eine sehr dauerhafte und auch gegen mechanische Belastungen geschützte attraktive Fassadenfläche erreichen.

Je nach den Bewegungen beim Abreiben (linear, kreisend, diagonal) entstehen unterschiedliche Strukturen, die der Fassadenoberfläche einen zeitgemäßen Charakter geben. Dabei sollte man nur Werkzeuge aus Edelstahl oder Kunststoff verwenden, um Rostflecken in der Beschichtung zu vermeiden.

Von den genau aufeinander abgestimmten Größenanteilen der Körnung bestimmt das gröbste Korn gleichzeitig die Dicke der Reibeputzschicht, die, je nach Produkt, ab 1,5 mm bis über 5 mm betragen kann. Mit derartig dünnen Schichten lassen sich allerdings keine Unebenheiten mehr ausgleichen. Die zu beschichtende Fassadenfläche muß deshalb vor allem eben, aber auch tragfähig, trocken und völlig frei von alten, nicht fest haftenden Anstrichen sein.

Feine Risse in der alten Putzschicht lassen sich überdecken, wenn das gewählte Produkt zusätzlich mit Fasern angereichert ist. Reibeputz verträgt sich in der Regel mit den meisten Fassadenanstrichen. In besonderen Fällen können die Beratungsdienste der Hersteller weitere Empfehlungen geben.

Die weiße Grundmasse läßt sich auch mit Volltonfarben abtönen oder später mit Dispersionsfarben überstreichen. Farbunterschiede werden allerdings dann sichtbar, wenn sich die offene Struktur nicht ganz mit Farbe füllen läßt.

Vorbereitungen

1 Alle Teile, die frei von Reibeputz bleiben sollen (Fenster- und Türrahmen, Verblendungen, Sohlbänke, Stufen), sind mit Abdeckband zu schützen. Das ist ein breites, feuchtfestes und glattes Papierband, das auf der Rückseite eine gut haftende, aber nicht klebende

1

2

3

4

5

6

7

Beschichtung trägt. Die Bodenflächen sind mit Plastikfolie gegen abtropfenden Reibeputz abzudecken.

2 Ein Anstrich mit Vorstreichfarbe egalisiert als Grundierung mögliche Farbunterschiede der alten Putzfläche und läßt den Putzauftrag noch brillanter erscheinen.

Verarbeitungsanleitung

3 Kunststoffputze trägt man ebenfalls von oben nach unten fortlaufend auf. Im Gegensatz zu Anstrichen oder Verblendern beginnt man zwar auch an der Außenecke, trägt dann aber gleich eine geschlossene, etwa einen halben Quadratmeter große Fläche auf – in möglichst gleich dicker Schicht (keinesfalls dünner) wie die endgültige Beschichtung werden soll. Die

8

Anschlüsse zu angrenzenden Bauteilen und schmale Flächen werden bei der Beschichtung mit Reibeputz erst im Anschluß an die Hauptflächen fertiggestellt.

4 Zum Aufnehmen die Putzmasse in nicht zu großen Portionen mit der Kelle auf den Aufziehspachtel heben

5 und als Anschlußfläche auf der Wand verteilen.

6 Mit leichtem Druck auf den Kunststoffglätter wird jetzt die noch frische Masse in kreisenden Bewegungen zu einer ebenen Schicht verteilt. Dabei wird überschüssiges Material von der Kante des Glätters abgeschoben. Es kann als Verlust abtropfen, wenn man es nicht mit der dicht an die Wand gehaltenen Aufziehkelle auffängt.

7 Erst wenn die Hauptflächen fertig abgerieben sind, spachtelt man an den Anschlüssen noch fehlendes Material nach und arbeitet dann mit einem Miniglätter nach,

8 um abschließend das Abdeckband abzuziehen, solange der Reibeputz noch nicht beginnt, fest zu werden.

Geräte und Bauwerkzeuge reinigen

Auch wenn die **Werkzeugpflege** bei manchen Verfahren – ebenso wie die Vorarbeiten – fast mehr Zeit in Anspruch nimmt als die eigentliche Arbeit, so lohnt sie sich dennoch, auch wenn sie manchmal lästig ist. Denn der Aufwand, oberflächlich oder gar ungereinigtes Werkzeug wieder benutzbar zu machen, ist bei weitem größer. Teuer wird es, wenn neues Werkzeug zu beschaffen ist und eingearbeitet werden muß. Ganz abgesehen vom Ärger über durcheinander geratene Zeitplanungen.

Eine der Voraussetzungen für unverzügliche Reinigung ist ein ausreichender Vorrat an Reinigern, den man spätestens beim Materialeinkauf auffüllen sollte. Zwar werden immer mehr wasserlösliche Mittel angeboten. Um die Standardlösemittel Spiritus, Testbenzin (Terpentinersatz) und Nitroverdünner als Reiniger kommt man als heimwerkender Hausbesitzer nicht umhin.

Das betrifft besonders Drucksprühgeräte, mit denen man die unterschiedlichsten Materialien verarbeiten kann: von biologischen oder chemischen Pflanzenschutzmitteln über wassergelöste Bautenschutzmittel bis zu lösemittelhaltigen Grundierungen und Imprägnierungen. Aber selbst in Wasser gelöste Wirkstoffe bilden zum Teil unlösliche Rückstände, wenn das Wasser erst einmal verdunstet ist.

Deshalb sollte man konsequent bei Arbeitsende und auch vor längeren Pausen das Gerät entleeren und zunächst mit einer geringen Menge Wasser spülen und durchspritzen. Diese Flüssigkeit muß aufgefangen und umweltgerecht entsorgt werden. Die folgende Füllung mti frischem Wasser kann man dann in die Kanalisation fließen lassen. Dazu die Sprühdüse abschrauben.

1 Eine Lösung aus zwei Litern Wasser mit zwei bis drei Eßlöffeln Aktivkohle kann auch letzte Spuren von wassergelösten Mitteln binden und beim Spülen und Durchspritzen entfernen.

2 Bei lösemittelhaltigen Grundierungen und Imprägnierungen verfährt man wie zuvor beschrieben. Nur wird zum ersten und eventuell auch zu einem zweiten Spülgang der vorgeschriebene **Verdünner oder Reiniger** eingefüllt.

3 Eine verantwortliche und umweltgerechte Entsorgung jeglicher

1

2

3

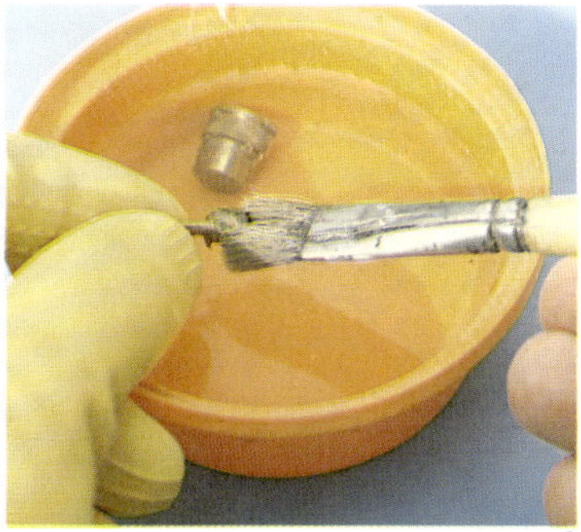

4

5

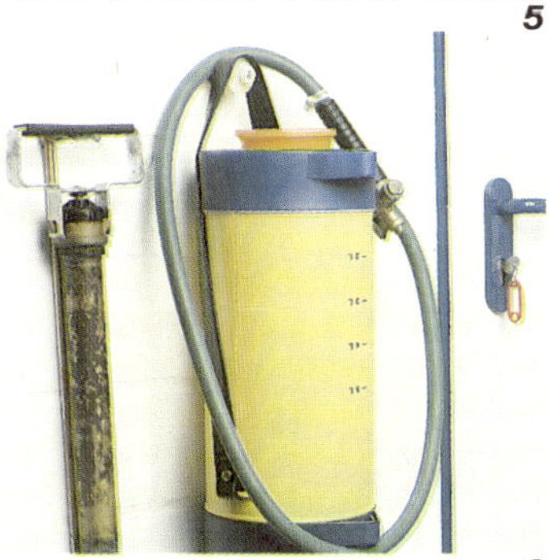

6

sprühfähiger Chemikalien ist möglich, wenn man die Flüssigkeiten vom ersten Spülgang in einen Eimer mit Sägemehl spritzt. Bleibt der Eimer an einem gesicherten Ort, können Wasser und Lösemittel verdunsten. Die im Sägemehl gebundenen Reste kommen dann von Zeit zu Zeit **zur Sammelstelle für Problemmüll**.

4 Die Düse wird noch gesondert in Wasser oder Reiniger mit einem Pinsel gewaschen und lose beim Gerät aufbewahrt.

5 Dichtungsringe funktionieren wesentlich länger, wenn man sie ab und zu mit Siliconfett (Armaturenfett) behandelt. Welche Dichtungen zu pflegen sind und wo man sie findet, steht in der Gebrauchsanleitung zum Gerät.

6 Bei der Aufbewahrung darf das Gerät nicht einstauben und sollte völlig austrocknen können. Mit der Öffnung nach unten aufgehängt bleibt es so gepflegt und jederzeit einsatzfähig.
Das hier beschriebene Reinigungsverfahren läßt sich natürlich auch für Airless-Spritzpistolen oder Sprühflaschen und ähnliches anwenden.

Auch die für Fassadenreparaturen erforderlichen Bauwerkzeuge und Gefäße bedürfen der allerdings wesentlich einfacheren Reinigung und Pflege. Ein Handwerker benutzt sein Werkzeug ständig. Dadurch ist die Gefahr, daß es rosten kann kann, gering. Beim Heimwerker entstehen zwangsläufig lange Arbeitspausen, in denen Werkzeuge aus einfachem Stahl still vor sich hinrosten können, falls sie nicht sorgfältig eingefettet und trocken aufbewahrt werden. Soweit möglich sollten Sie deshalb die Kosten für **Werkzeuge aus »Edelstahl rostfrei«** nicht scheuen. Denn mit hochwertigen Qualitätswerkzeugen kann man auch einen Teil fehlender Übung und Erfahrung ausgleichen. Aber auch an diesen Werkzeugen bleiben Farben, Kleber oder Mörtel haften und verhärten zu störenden Krusten, wenn man sie nicht konsequent vor jeder längeren Unterbrechung in frischem Wasser abwäscht. Ein in der Küche nicht mehr brauchbarer Scotch-Britt-Schwamm oder eine Stielbürste leisten dabei gute Dienste. Denken Sie auch daran, die Werkzeuge abzutrocknen oder hängend zu trocknen, denn wo Stahlkanten aufliegen, bilden sich Rostspuren, die nur schwer zu entfernen sind.

Pinsel für Farben und Lasuren reinigen

Qualitätspinsel, Farbroller und Spritzgeräte können nur bei gewissenhafter Pflege den Anforderungen genügen. Ein Maler, der sein Handwerkzeug ständig benutzt, kann schon mal etwas anders verfahren. Aber gerade der Fachmann wird selten seine eigene Leistung durch ungepflegtes Werkzeug behindern. Zudem wird das Arbeitsergebnis mit hochwertigen Pinseln immer besser, je länger man damit arbeitet. Weil sie erst nach längerer Benutzung **richtig »eingearbeitet«** sind.

Besonders Pinsel mit Naturborsten sowie Farbroller mit Naturfellbezug, die für Heimwerker allerdings kaum erforderlich und auch sehr teuer sind, müssen beim Auswaschen nicht nur soweit irgend möglich von allen Farbresten befreit werden. Erst die weitere sorgfältige Pflege erhält die Geschmeidigkeit und befreit das Borstenpaket von den losen Haaren, die beim Arbeiten ärgerliche Nebenwirkungen verursachen. Wenn man sich selbst also nicht über unsaubere Farbflächen, vergeudete Zeit und unnütz ausgegebenes Geld ärgern möchte, sollte man die Mühe einer ordentlichen Reinigung und Pflege auf sich nehmen. Denn die Aufbewahrung der Pinsel in Wasser, luftdichten Behältern, Reinigern oder Kunststoff- und Alufolie taugt allenfalls für kurze Arbeitspausen und ist, allen guten Ratschlägen und Dosenangeboten zum Trotz, nicht für längere Zeiträume zu empfehlen. Denn Wasser macht Naturborsten weich und lappig, Lösemittel können das Aushärten der Anstrichmittel zwischen den Borsten nur verzögern, aber nicht verhindern. Außerdem können sie Borstenfassungen aus Kunststoff oder den Lack auf dem Pinselstiel an- oder gar auflösen. Kunststoffborsten und Fell- oder Schaumstoffroller sind häufig nur kurzzeitig beständig gegen Lösemittel.

1 Bei der Vorwäsche wird zunächst in gesammelten Reinigerresten der Großteil an Farbresten aus dem Borstenpaket entfernt. Für Speziallacke darf man unter allen Umständen nur durch die Verarbeitungsanleitung zugelassene Spezialreiniger verwenden.

2 Kräftiges Walken in wenig frischem Pinselreiniger (oder Spezialreiniger) emulgiert die restlichen Lackreste bis tief in den Vorband und in die Borstenfassung hinein.

1

2

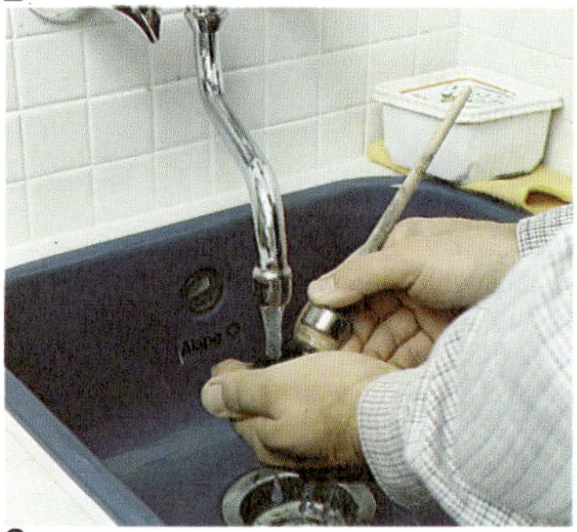

3

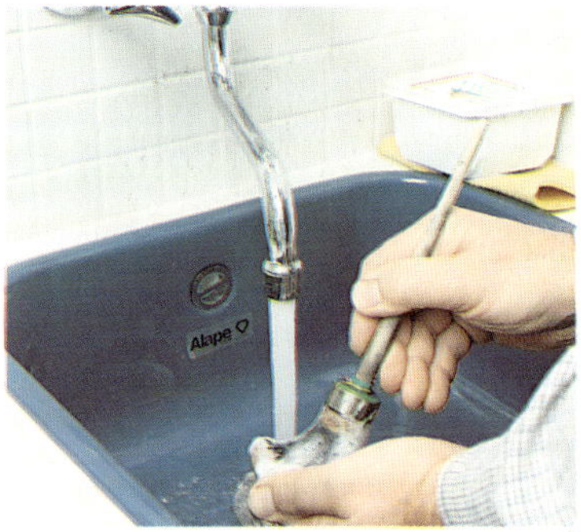

4

5

6

3 Unter fließendem, lauwarmen Wasser anschließend die Lack- und Reinigerreste solange ausspülen, bis das Wasser klar bleibt. Kräftiges Reiben der Borsten soll auch die letzten Farbreste lösen.

4 Die Borstenpflege beginnt beim Einschäumen mit **Schmier- oder Kernseife** und ausgiebigem Nachspülen mit klarem Wasser. Diese Behandlung erhält, durch die rückfettende Wirkung der Seife, die Naturborsten elastisch und geschmeidig.

5 Damit möglichst wenig Wasser zwischen den Borsten verbleibt, den Pinsel zunächst kräftig ausschleudern und dann auf saugfähigem Papier ausdrücken. Sollten sich jetzt noch Farbreste auf dem Papier zeigen, ist es besser, die ganze Prozedur noch einmal zu wiederholen.

6 Die Pinsel stets hängend trocknen. Damit bei erneutem Gebrauch keine störrisch abstehenden Borsten stören, formt Klebeband die Borsten zu einem geschlossenen Paket.
Die hier dargestellten Reinigungsvorgänge gelten für lösungsmittelhaltige Anstrichstoffe. Nach dem gleichen Prinzip werden auch Pinsel mit Kunststoffborsten für wasserhaltige Anstrichmittel gereinigt. Das ist jedoch etwas einfacher, denn Vor- und Nachwäsche in Pinselreiniger oder Lösemitteln entfällt. Die Pflege mit Seife beeinflußt hierbei zwar nicht die Elastizität, hilft jedoch, auch noch die letzten Farbreste auszuwaschen. Bei Farbrollern zum Abschluß die Walze mit einer schnellen Bewegung über eine Fläche rollen. Durch die Drehbewegung soll sich die Florfaser aufrichten, überschüssiges Wasser wird dadurch herausgeschleudert.
Auch wenn Pinselreiniger biologisch abbaubar sind, belasten sie dennoch sehr stark die Kläranlagen. Daß geringe Mengen beim Ausspülen in die Kanalisation gelangen, läßt sich zwar nicht vermeiden. Noch können vom Sägemehl aufgesaugte Reste zum Hausmüll gegeben werden. In anderen europäischen Ländern ist auch das bereits Problemmüll. Reste von Lösungsmitteln sollte man an kindersicherem Ort verdunsten lassen und nur die trockenen Reste in den Hausmüll geben. Flüssige Lösungsmittel sind in jedem Fall als Problemmüll zu behandeln.

Poröse Fugen mit neuem Mörtel füllen

Material

Fugen-Fertigmörtel, Mörtel-Vergüter, Plastikfolie.

Werkzeug

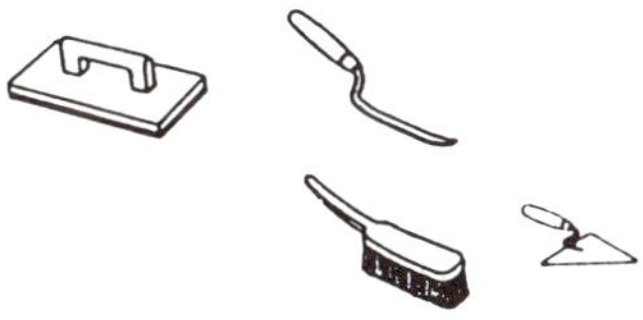

Schwierigkeitsgrad

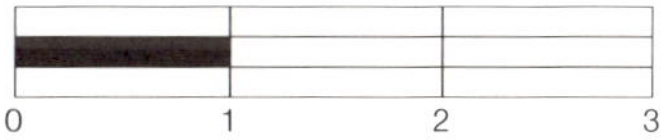

Kraftaufwand

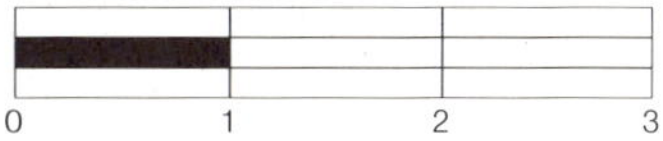

Arbeitszeit

Für einen Meter Lagerfuge müssen Sie etwa 20 Minuten kalkulieren.

Ersparnis

Ein Maurer verlangt bis zu 45 Mark je qm. Ihr Materialpreis bleibt jedoch noch unter 5 Mark je qm.

1

2

3

Mürbe Mörtelfugen im Verblend- oder Sichtmauerwerk sind zwar ärgerlich, aber nicht ungewöhnlich. Die Ursache ist Pfusch: sogenannte Sandnester durch ungenügendes Mischen per Hand, der sich meistens leider erst lange nach Ablauf der Gewährleistungsfrist bemerkbar macht. Im porösen Gefüge des schlechten Fugenmörtels kann sich Wasser sammeln. Wenn es gefriert, dehnt es sich aus und macht dabei den Mörtel mürbe.
Unter einer guten Fassadenbeschichtung fallen diese Stellen zudem auch noch kaum auf. Häufig wird man erst aufmerksam, wenn der Mörtel bereits zerstört wurde. Eine **jährliche Inspektion** der Mauerfugen ist sicher keine übertriebene Vorsorge. Denn solange der Schaden noch eng begrenzt ist, kann man ihn mit neuem Fugenmörtel schnell beheben.

1 Manchmal hält nur noch die Fassadenfarbe den zerbröselten Mörtel in der Mauerfuge. Dann wird es höchste Zeit für eine dauerhafte Fugenfüllung.

2 Den alten Mörtel tief, aber nicht mehr als ein Drittel der Mauerschalendicke, lösen und auskratzen. Alte Stecheisen oder Schraubendreher, die in die schmalen Fugen passen, sind dafür gut geeignet. Aber möglichst nicht die Verblend- oder Vormauerschale nach innen durchstoßen, damit weder frischer Mörtel noch Wasser in die dahinter liegende Luft- oder Dämmschicht gelangen kann.

3 Mit dem Wasserstrahl werden die letzten Reste ausgespült und gleichzeitig die Mauersteine eingenäßt. Denn bevor der neue Mörtel in die Fuge kommt, muß sie naß sein, damit die Mischung nicht »verbrennt«, das heißt zu schnell abbindet, weil die trockenen Mauersteine zuviel Wasser zu schnell aufsaugen. Auch das kann eine Ursache für spätere Schäden sein.

Den fertig gemischten Trockenmörtel sollten Sie nur mit wenig Wasser zu einer steifen, aber nicht zu trockenen Mischung nach Gebrauchsanleitung auf der Verpackung verarbeiten. Ist der Mörtel zu schlank, fließt er wieder aus der Fuge. Die Zugabe einer Kunststoffdispersion macht den Mörtel auch mit weniger Anmachwasser geschmeidiger. Außerdem verbindet er sich besser mit den Steinflächen.

4 Um zu verhindern, daß der Mörtel am unteren Mauerrand wieder aus den Stoßfugen fällt, kann man unter die Mauerkante eine Leiste als Hilfsschalung spannen. Mit ihr läßt sich gleichzeitig ein Stück Plastikfolie festhalten, die Mörtelbatzen vom Untergrund fernhält. Die Mischung am besten mit dem Fugeneisen von der Maurerkelle weg in die Stoßfugen streichen.

5 Gleich anschließend an die senkrechten Stoßfugen die waagerechten Lagerfugen füllen. Mit dem schmalen Fugeneisen soviel Mörtel wie möglich tief in den Hintergrund drücken und an der Frontfläche kräftig – wie es der Maurer nennen würde – »festbügeln«. Um die Fuge sicher abzudichten, muß der Mörtel innigen Kontakt zu den Steinflächen bekommen.

6 Für den vordersten Zentimeter der Fuge läßt sich dann eine etwas trockenere Mischung besser verarbeiten und leichter an die vorhandene Form und Struktur der übrigen Fugen anpassen. Bei vollfugig gemauertem Sichtmauerwerk die Fuge mit einem Schlauchstück zu einer leichten Hohlkehle mit rauher Oberfläche formen. Bei Verblendsteinen den Mörtel schräg nach hinten, zur Unterkante der darüberliegenden Steinreihe geneigt, in die Fuge füllen und die Sichtfläche glätten. Mit zusätzlichem grobem Kies, Handfeger oder Bürste, Schlauchstück und Fugeneisen läßt sich die Oberflächenstruktur der neuen Fugen den übrigen Fugen angleichen. Mörtelreste lassen sich, solange sie noch frisch sind, mit einem Handfeger von den Steinen entfernen. Einen störenden, noch nicht trockenen Zementschleier mit frischem Wasser und feuchtem Schwamm von den Frontflächen der Steine entfernen.

7 Den neuen Anstrich frühestens nach 24 Stunden, wenn der Fugenmörtel fest geworden ist, aufbringen. Ein kleiner Farbroller erleichtert das Auftragen der Farbe.

4

5

6

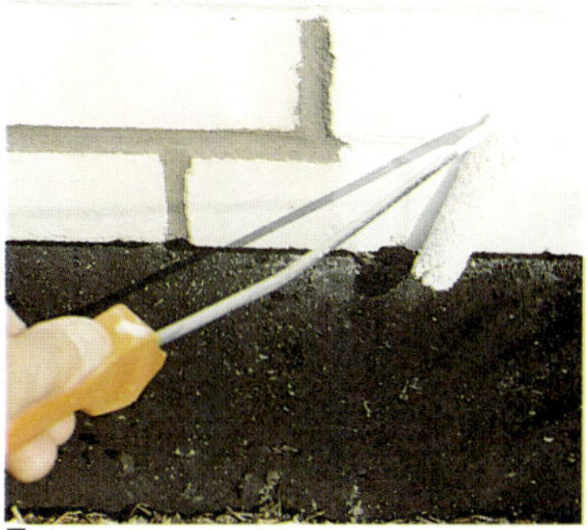

7

Abgeplatzten Putz ersetzen

Material
Fertigputz, Zuschlagstoffe, Keile, Holzleiste.

Werkzeug

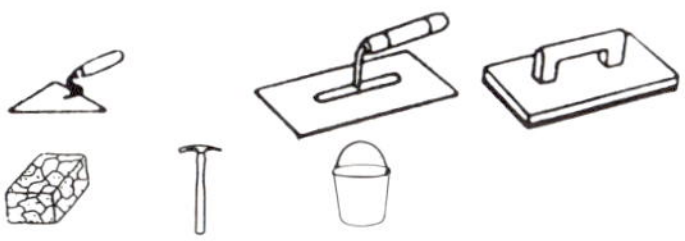

Schwierigkeitsgrad

Kraftaufwand

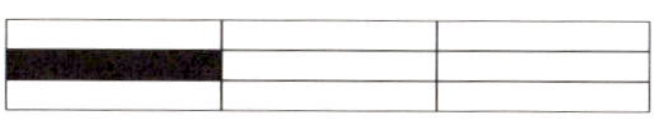

Arbeitszeit
Für diese oder eine ähnliche Putzstelle benötigen Sie etwa 1 Stunde reine Arbeitszeit.

Ersparnis
Für die Ausbesserung dieser oder einer ähnlichen Putzstelle sparen Sie etwa 50 bis 80 Mark.

Lockerer Putz muß vor einem Farbauftrag entfernt und ersetzt werden. Ausgebesserte Putzstellen werden auch bei geübten Handwerkern etwas auffallen. Doch sind für den Heimwerker gute Arbeitsergebnisse möglich, vor allem deshalb, weil er in der Regel mehr Geduld aufbringt als ein Handwerker. Nicht zuletzt sollte man bedenken, daß das Auge später nicht mehr einzelne Details, sondern nur noch den Gesamteindruck wahrnimmt.

Für die dargestellte Arbeit wurde Kalkzementputz als Fertigputz verwendet, dem für die Strukturputzschicht Steine größerer Körnung zugegeben wurden.

1 Eine Putzstelle an der Haustreppe ist locker, eindringende Feuchtigkeit hat sie abgesprengt. Dekken Sie empfindliche Oberflächen mit Pappe oder Folie ab.

2 Entfernen Sie alle lockeren Putzreste mit Maurerhammer und Spachtel. Entfernen Sie mit der Drahtbürste auch alle lockeren Farbstellen an den Rändern. Nur eine gute Untergrundvorbereitung bringt später ein befriedigendes Arbeitsergebnis.

1

2

3

4

5

6

3 Entfernen Sie mit einem alten Handbesen Staub und Schmutz auf der Maueroberfläche.

4 Bringen Sie einen Spritzbewurf auf. Insbesondere bei kleineren Flächen und bei »rauhem« Untergrund kann der Untergrund mit einem Pinsel und leicht verdünntem Mörtel auch eingeschlämmt werden. Sehr saugfähiges Mauerwerk wie Porenbeton oder Ziegel wird vorher vorgenäßt. Eine Putzlatte sorgt dafür, daß eine gerade Kante entsteht. Im vorliegenden Fall wird sie mit kleinen Keilen befestigt.

5 Tragen Sie mit der Traufel, einer großen oder kleinen Kelle den angemischten Mörtel auf.

6 Verdichten Sie den Mörtel mit dem Reibebrett. Für kleine Flächen eignen sich kleinere Reibebretter. Beachten Sie, daß der Unterputz mit dem Reibebrett so weit entfernt werden muß, daß später mit dem Strukturputz eine ebene Fläche entsteht. Entfernen sie Mörtel, der aus Versehen auf Farbschichten aufgebracht wird.

7 Schneiden Sie den Putz an der Putzlatte mit der angenäßten Spachtel oder Kelle vorsichtig durch, damit später beim Entfernen die Ecken nicht abbrechen.

8 Rauhen Sie den Unterputz vor dem Erhärten auf, z. B. mit einem Nagel. Das ermöglicht später eine bessere Haftung des Putzes. Lassen Sie den Unterputz erstarren, so daß er mit dem Finger nicht mehr eingeritzt werden kann. Das kann bei herkömmlichem Mörtel einige Stunden dauern, aber auch einen Tag. Nässen Sie den Unterputz vor Auftrag des Oberputzes mit einer alten Bürste vor.

9 Stellen Sie die Größe der Zuschlagstoffe für den Oberputz fest, z. B. indem Sie eine kleine Menge zerbröseln. In vielen Fällen kann man die Zuschläge auch noch mit bloßem Auge sehen. Besorgen Sie diese und ähnliche Zuschlagstoffe. Das ist beispielsweise möglich durch Aussieben aus grobem Sand. Auch Rieselbeläge im Garten können die gewünschten Zuschläge enthalten. Mischen Sie einen etwas dünnflüssigeren Mörtel und geben Sie als Zuschlagstoffe die gröberen oder feineren Steine bei. Nehmen Sie etwas Mörtel auf die Rückseite der Traufel, und werfen Sie ihn mit einer kleineren Kelle schwungvoll an.

Notfalls können Sie ihn auch mit der Glättkelle auftragen.

10 Ziehen Sie mit der Kelle überstehenden Mörtel ab. Eine zu dichte Mörtelschicht ergibt beim Verreiben eine zu glatte Putzschicht.

11 Nehmen Sie ein Reibebrett und strukturieren Sie den Putz, in diesem Fall durch waagrechtes Ziehen. Gelingt die Struktur beim ersten Mal nicht gleich, nehmen Sie den Mörtel ab und werfen Sie frischen Mörtel an. Kleinere Mörtelmengen, die noch nicht abgebunden haben, kann man mit größeren im Eimer vermischen.

12 Stellen Sie den Übergang zwischen alter und neuer Putzschicht her. Entfernen Sie zu diesem Zweck den Mörtel, der sich auf den alten Farbschichten befindet, weil er keine ausreichende Haftung besitzt. Verwenden Sie dazu einen Pinsel, einen Schwamm oder auch das Schwammbrett. Frisch aufgebrachter Putz unterscheidet sich in der Struktur zum alten, weil hier meist mehrere Farbschichten aufgetragen wurden. Eine Angleichung ist möglich, wenn auch auf frisch ausgebesserten Stellen mehrere Farbschichten aufgetragen werden.

7

8

9

10

11

12

Verwitterte Holzoberflächen vorbereiten

Material

Edelstahlschrauben, Grundierung, Lasur.

Werkzeug

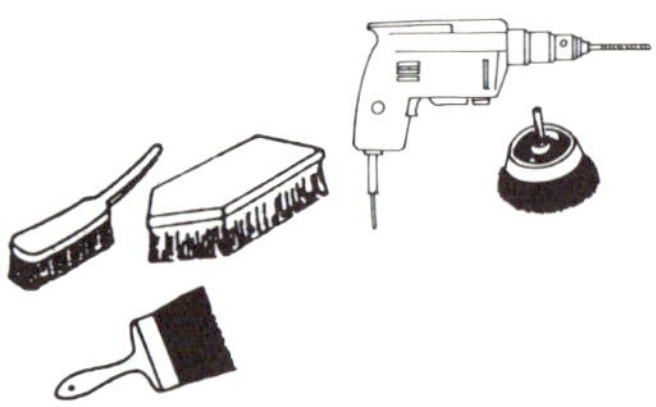

Schwierigkeitsgrad

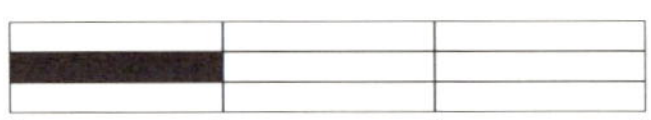

Kraftaufwand

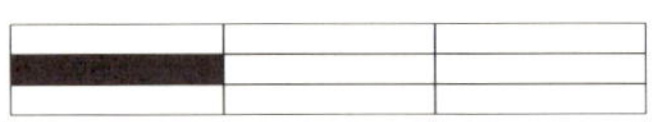

Arbeitszeit

Je nach Größe und Zustand der Schalung ab 1 Stunde je qm.

Ersparnis

Ihre Materialkosten betragen etwa 20% der Handwerkerleistung.

Als Fassadenbekleidung ist Holz kaum dem Angriff von Mikroorganismen, Pilzen und Insekten ausgesetzt, sofern der konstruktive Holzschutz verwirklicht wurde. Wenn Holz immer wieder ganz abtrocknen kann, können sich biologische Organismen nicht entwickeln.

Dagegen hinterlassen Sonneneinstrahlung mit Wärme und ultraviolettem Licht sowie Wind und Wetter mit den Belastungen aus dem Wechsel der Jahreszeiten im Laufe der Zeit ihre sichtbaren Spuren der Verwitterung an den Oberflächen. Besonders dagegen sind Holzfassaden mit geeigneten Anstrichen zu schützen. Vor einem neuen Anstrich mit Holzschutzlasur oder offenporiger Deckfarbe die Holzfläche von Schmutz befreien. Verwitterte Deckfarben und Dickschichtlasuren (Bindemittel Acryl- oder Alkydharze) weitgehend abschleifen oder abbeizen und nur mit dem gleichen Anstrichmittel auffrischen.

1 Zunächst sind trockener Schmutz und Spinnweben abzufegen. Dabei kann man gleichzeitig den Zustand der einzelnen Profilbretter und die Befestigungen kontrollieren.

2 Die verwitterte Oberflächenschicht ist zwar auch nach Jahrzehnten nur dünn, stört jedoch neue Anstriche. Kleine Flächen lassen sich mit einer Handbürste schonend, aber nicht sehr wirksam bearbeiten.

3 Mit Schleifvlies, als doppelseitige Pads oder auf den Schrubbies von 3M, kann man den Oberflächen schon wirkungsvoller zu Leibe rücken, auch ohne die Oberflächen gleich bis aufs rohe Holz durchzuschleifen.

4 Mühevolle Handarbeit läßt sich vor allem jedoch durch rotierende Werkzeuge im Bohrmaschinenfutter vermeiden. Die Borsten einer Rundbürste erreichen auch gut die Flächen der tiefer liegenden Schattennuten.

1

2

3

4

Türrahmen zum Mauerwerk hin abdichten

Material

Bauschaum, elastische Dichtungsmasse, Ausflickholz, Beilagematerial.

Werkzeug

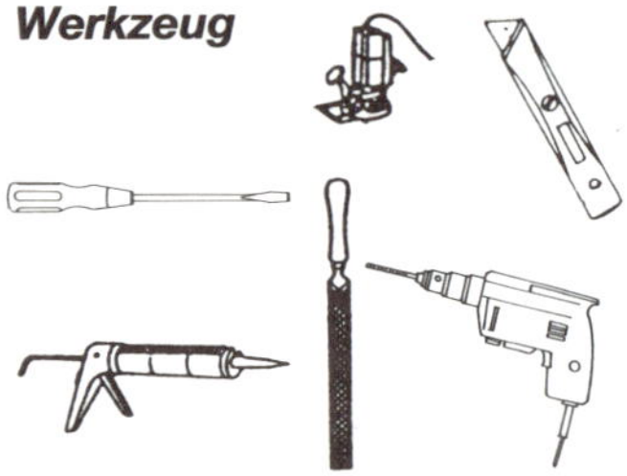

Schwierigkeitsgrad

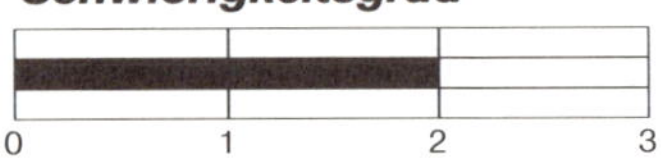

Kraftaufwand

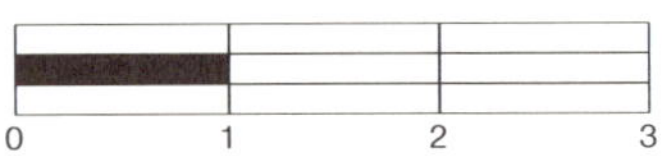

Arbeitszeit

Für jedes der gezeigten Verfahren einen Arbeitstag je Rahmen oder Türflügel.

Ersparnis

Die Handwerkerleistung können Sie ab 350 Mark je Tag bewerten. Der Materialaufwand ist dagegen unerheblich.

Vor noch nicht allzu langer Zeit wurden Fensterrahmen zum Mauerwerk nur mit faserigen Dämmstoffen abgedichtet. Das allein reicht aber nicht aus, um kalte Luft am Eindringen zu hindern. Dieser Übergang zwischen verschiedenen Bauteilen muß winddicht und wärmegedämmt sein. So läßt sich Heizenergie sparen und ungewollte Zwangsbelüftung ausschließen. Um das zu erreichen, lassen sich schmale Fugen mit einer PE-Schaumschnur als Wärmedämmung ausstopfen und die Fuge von der Außenseite mit Silikonkautschuk gegen Wind abdichten. Über 2 cm breite Zwischenräume schließt man sinnvoller mit einem Kunststoffschaum. Als dünnen Strang in die Fuge gefüllt bläht er sich auf, verklebt mit Holz, Kunstoff und Mauerwerk und paßt sich auch allen Unebenheiten an. Flächen, die man wieder vom überschüssigen Schaum befreien muß, kann man mit Klebeband schützen. Nach dem Abtrennen der Schaumwulst sind die Klebestreifen abzuziehen.

1 Wenn der Zwischenraum groß genug ist, reicht es, die alten Fasern zusammenzudrücken. Denn das Herauszupfen, beispielsweise von Glasfasern, kann lästige Nebenwirkungen haben.

2 Es genügt, wenn der noch flüssige Schaum die Fuge höchstens zur Hälfte füllt. Auch dann dehnt er sich noch so stark aus, daß er aus der Fuge quillt und durch Reaktion mit der Luftfeuchte aushärtet.

3 Der Schaum wird übrigens schneller fest, wenn man die Schaumoberfläche und zuvor auch die Kontaktflächen mit wenig Wasser besprüht. Wann die überschüssigen Reste so hart sind, daß sie sich abschneiden lassen, ist abhängig vom Produkt, steht auf der Dose und hängt aber auch von der Luftfeuchte ab.

4 Die überstehenden Wülste mit einer langen Messerklinge abtrennen, unter Umständen auch zwischen Rahmen und geöffnetem Flügel hindurch.

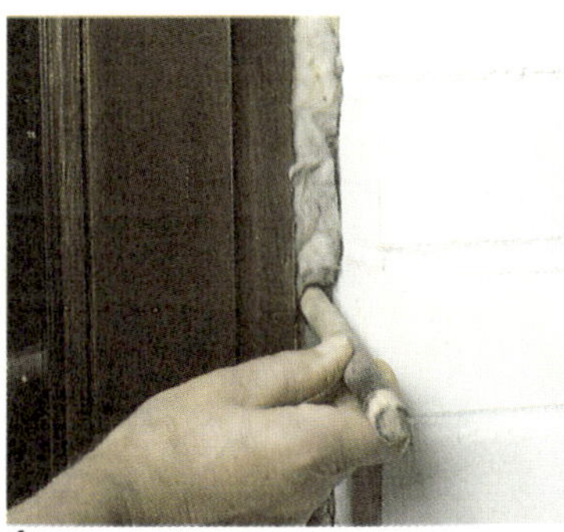
1

2

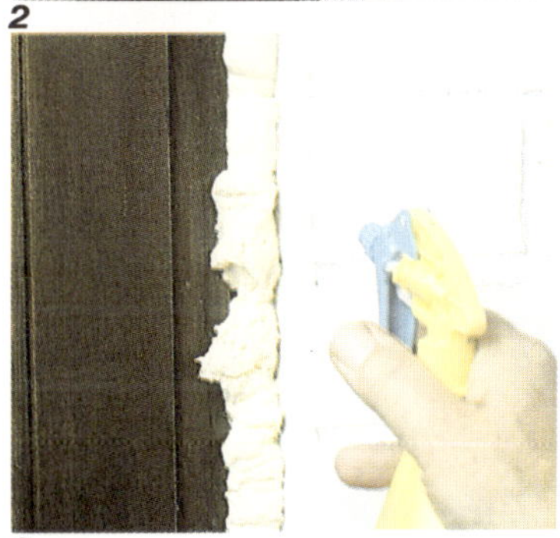
3

4

Alten Putz mit Flachverblendern renovieren

Material

Flachverblender, Klebemörtel.

Werkzeug

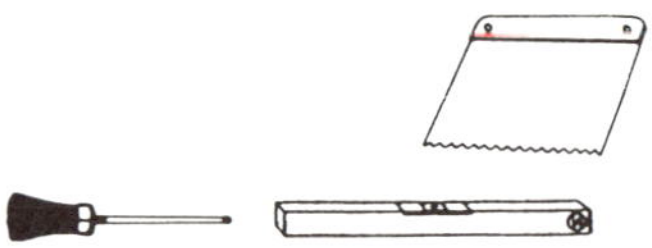

Schwierigkeitsgrad

Kraftaufwand

Arbeitszeit

Einschließlich Vorbereitungen ab 1,5 Stunden je qm.

Ersparnis

Die Materialkosten betragen etwa 60 % der Handwerkerleistung.

Wer Qualität, Schutzwirkung und ansprechendes Aussehen einer alten Putzfassade gleichzeitig steigern will, kann sein Haus gleichsam mit einer neuen Haut versehen. Dies geschieht entweder:
a) in der Art einer Verblendfassade: mit Flachverblendern aus nur 3 bis 6 mm dickem, kunstharzgebundenem Material sowie mit den dickeren Verblendriemchen aus gebranntem Ton oder
b) durch einen Kunstharzputz mit unterschiedlichen Strukturen der Oberfläche.

Voraussetzungen

Zu jedem System gehört als Voraussetzung nicht nur etwas Erfahrung, einige Übung und Sorgfalt, um ein ansehnliches Ergebnis zu erreichen, sondern auch ein absolut tragfähiger Altputz mit einer ebenen Fläche. Denn die aufgeklebten Verblender und auch der Kunstharzputz bringen beträchtliches, zusätzliches Gewicht an die Fassadenfläche.
Bei etwas unsicherem Untergrund sollte man die Kosten für einen neutralen Gutachter der Handwerkskammer nicht scheuen oder den Beratungsdienst des jeweiligen Herstellers in Anspruch nehmen. Außerdem besteht bei Zweifeln an der Tragfähigkeit des Untergrundes auch die Möglichkeit einer kompletten Wärmeschutzfassade, bei der die tragenden Wärmedämmplatten im Mauerwerk verankert werden und so die Putzschicht nicht belastet wird. Zur Ausführung dieser Systeme gehört jedoch viel Fachkenntnis.

1 Zuerst die Wandfläche, beginnend an der Bezugskante Fenstersturz, in Abständen von 25 cm kennzeichnen. Diesem Baurastermaß von 25 cm entsprechen 3 Steinlagen einschließlich 3 Lagerfugen im »NF« Normalformat oder 4 Steinlagen einschließlich 4 Lagerfugen im »DF« Dünnformat. Gemäß diesen Markierungen kleben Sie dann die ersten Verblender an den Außenecken auf.

2 Den Klebemörtel zuerst mit der glatten Seite der Aufziehkelle als geschlossene Fläche auf der Wand verteilen und anschließend mit der gezahnten Seite in einem Zug durchkämmen, damit eine gleichmäßig dicke Kleberschicht entsteht. Auf die vorgeschriebene Zahnung achten und die Kelle immer in gleich steilem Winkel zur Wand halten. Sonst wird die Kleberschicht ungleich dick.

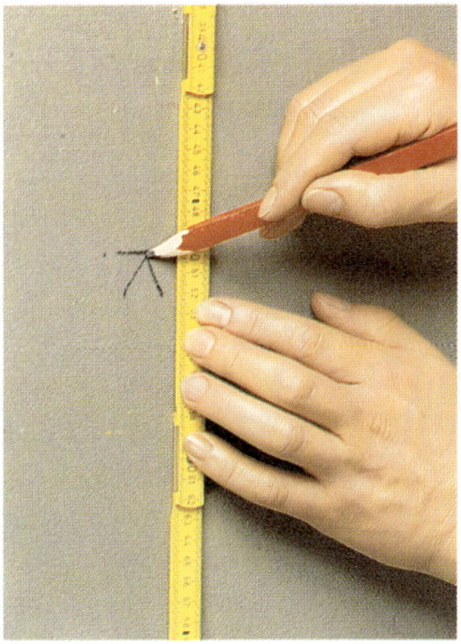

1

2

3

4

Bei allen Arten einer neuen Außenhaut sollten Sie jedoch auch bedenken: Je dicker und dichter eine neue Fassadenhaut wird, desto spürbarer wird auch der für Bauwerk und Mensch so wichtige Wasserdampfausgleich zwischen Innen und Außen behindert. Zusätzliche Maßnahmen der Belüftung könnten deshalb erforderlich werden.

Arbeitsanleitung

Flachverblender lassen sich zwar ebenso einfach wie keramische Fliesen auf eine ebene Wand kleben. Sie haben jedoch, entsprechend den Originalverblendsteinen als Vorbild, nicht so exakte Formen wie Fliesen. Ausrichten muß man sie mit Augenmaß nach einer gespannten Schnur. Und das ist auf den relativ großen Flächen gar nicht so einfach.

Es lohnt sich, zunächst einmal an nur wenig sichtbaren Fassadenflächen zu üben und das Ergebnis sehr kritisch zu beurteilen, bevor man möglicherweise mit der eigenen Leistung, die man später täglich vor Augen hat, nicht zufrieden ist. Die Anordnung der Steine auf den Flächen ergibt nur in einem einheitlichen Verband das gewünschte Bild. Sechs Arten der Kombination von Mauersteinen, auch »Verbände« genannt, kennt das Baugewerbe als Standard.

Besondere Aufmerksamkeit verlangt die Gestaltung der Fenster- und Türlaibungen und -Stürze sowie die der Außenecken. Dafür gibt es zwar eigene Ecksteine, deren Anordnung allerdings nach bestimmten Regeln erfolgen soll. Die Überlegungen zu der Gestaltung hängen vor allem auch von der Art und Größe des eigenen Hauses ab. Ähnliche Häuser mit regelgerechtem Verblendmauerwerk sind dafür die nachahmenswerten Beispiele, die man sich entweder als Original oder aus dem Bildmaterial von Baukatalogen und Prospekten heraussuchen kann.

Bei der Gestaltung spielt auch die Wahl der geeigneten Steinhöhe von 50, 52 oder 71 mm, entsprechend den gebräuchlichen Formaten der Mauersteine, eine beachtliche Rolle. Durch die richtige Wahl läßt sich nämlich nicht nur ein ruhiges Fugenraster erreichen, ebenso lassen sich vor allem die Wandhöhen in volle Steinlagen aufteilen. So ergibt sich zum Beispiel nur dann ein fachgerechtes Mauersteinbild, wenn an einem Sturz die Unterkante der aufrechten Steine mit der Oberkante der anschließenden Steine der Wand eine Linie bildet (siehe Bild 6). Danach müssen sich alle Steinlagen nach unten und nach oben richten. Rechnerische Standarddicke für die waagerechte Lagerfuge ist 12,5 mm und für die senkrechte Stoßfuge 10 mm.

Ebenso wie beim Aufmauern einer Verblendschale die Steine der Außenecken und der Laibungen zuerst aufgemauert werden und zum Anlegen der Richtschnur dienen, so werden auch die ersten Flachverblender an diesen Stellen sehr akkurat aufgeklebt. Um nicht unter Zeitdruck zu geraten, kann es sinnvoll sein, hierbei den Kleber auf jede einzelne Steinrückseite aufzuziehen und die Fugen nachträglich zu füllen. Auf die Flächen läßt sich der Kleber dann in größeren Abschnitten auftragen. Diese Teilflächen sollten jedoch nicht größer sein als sie sich in der zulässigen Zeit, je nach Kleberanleitung und Umgebungsbedingungen, und der eigenen Leistung entsprechend bekleben lassen.

Anders als beim Stein-auf-Stein-Mauern kann man mit dem Aufkleben der Flachverblender an der Oberkante einer Wandfläche anfangen und so von oben nach unten arbeiten. Dadurch vermeidet man verschmutzte Steinlagen unterhalb der Verlegefläche, die durch abtropfenden Klebemörtel entstehen können.

3 Die Flachverblender sollte man nur mit mäßigem Druck in die Kleberschicht drücken, um nicht den Kleber wieder unter dem Verblender herauszuquetschen. Verblendriemchen eventuell mit einem Gummihammer in dem steiferen Klebemörtel behutsam festklopfen.

4 Winkelsteine an den Ecken bilden die Bezugskanten für genau waagerechte und liniengerade Anlage der einzelnen Steinlagen an einer straff gespannten Mauerschnur. Sie zeigen auch an den Laibungen und Stürzen das täuschend echte Bild voller Steine.

5 Zum Glätten der Fugen genügt es, den Klebemörtel – solange er noch weich genug ist – mit einem schmalen, angefeuchteten Flachpinsel zu ebnen. Dabei sollte man die senkrechten Stoßfugen zuerst glätten.

6 Das perfekte Detail: mit einem fachgerechten Übergang zwischen Fenstersturz und Wandfläche.

5

6

Verwitterte Sockelbeschichtung erneuern

Material
Bitumenkautschuk-Dickschichtanstrich (mittlerer Verbrauch 1,5 l je qm), Bitumenkautschuk-Dichtmasse.

Werkzeug

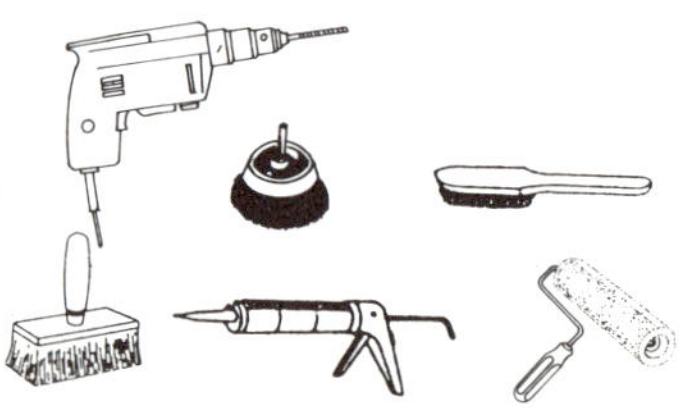

Schwierigkeitsgrad

Kraftaufwand

Arbeitszeit
Je nach Zustand ab einer Stunde je Meter.

Ersparnis
Die Materialkosten bleiben noch unter 15% der Handwerkerleistung.

1 Eiine neue Sockelbeschichtung soll möglichst weit in die Tiefe reichen. Deshalb ist zunächst, vor allem zur Kontrolle, wie weit die Schäden unter die Erdoberfläche reichen, das Erdreich vor dem Sockel wegzuräumen.

2 Soweit die alte Beschichtung noch intakt ist, kann sie auf dem Putz bleiben. Lose Stellen, Lunker (Hohlräume) im Putz und die Flanken der Risse muß man mit geeigneten Werkzeugen freilegen.

3 Aus den Rissen ist möglichst alles bereits gelockertes Material herauszukratzen, damit sich die Dichtungsmasse mit festem Putz verbinden kann.
Die Gründe für Risse in der Putzschicht sind vielfältig, haben jedoch wenig Einfluß auf die Reparatur mit einer neuen Beschichtung. Solange die Putzschicht jedenfalls noch fest auf dem Mauerwerk hält, kann eine hochwertige, elastische und sorgfältig durchgeführte Beschichtung den Mauersockel dauerhaft schützen.

Vorarbeiten
Der wegzuräumende Boden sollte möglichst außerhalb der Arbeitsfläche lagern können. Denn der

1

2

3

gesamte Zeitaufwand einschließlich Trockenzeiten wird sich doch über einige Tage erstrecken, vor allem dann, wenn ein wassergelöster Beschichtungsanstrich verwendet wird, der bei möglichst trockener Witterung zu verarbeiten ist.
Trotzdem ist an Vorsorge gegen Regenschauer zu denken, damit die sauberen Sockelflächen nicht verschmutzt werden. Geeignet sind regenfeste Abdeckstreifen über dem Boden aus Alublech, dicker Folie, Polyester-GFK-Platten oder ähnlich stabiles Material. Auch bei befestigten Bodenflächen sollte man kontrollieren, ob sich die Schäden am Sockelputz nicht noch unter der befestigten Ebene fortsetzen. Denn genau dort besteht die größte Gefahr, daß Feuchtigkeit von außen in das Kellermauerwerk eindringen kann.

Die Handarbeit mit einer Stahldrahtbürste ist sehr mühsam. Beim Freilegen der Schäden leistet deshalb eine Stahldraht-Topfbürste (oder auch eine Rundbürste) auf dem Winkelschleifer oder im Futter der Bohrmaschine wertvolle Hilfe. Die rotierende Bürste ist stets so zu führen, daß abgebürstetes Material nach unten geschleudert wird. Dabei ist an der Bohrmaschine der Zusatzhandgriff zu benutzen. Zur Sicherheit sollte man dennoch Schutzbrille und Arbeitshandschuhe tragen, denn gelöste Drahtborsten werden in alle Richtungen geschleudert. Mit diesen Werkzeugen kann man nicht nur die Risse freilegen. Auch von der Sockelfläche lassen sich die nicht mehr ganz fest haftenden, verwitterten Teile der alten Beschichtung mit geringem Kraftaufwand entfernen.

Arbeitsanleitung

Wenn die Risse beim Ausräumen der losen Teile zu breit werden, ist es besser, sie zunächst mit Reparatur-Mörtel zu füllen. Sonst wird der Verbrauch von Dichtungsmasse recht hoch. Je sorgfältiger die Vorarbeiten ausgeführt werden, desto haltbarer ist eine neue Beschichtung.

4 Mit einer Bürste lassen sich auch noch die feinen und losen Überreste entfernen. Verputztes Sockelmauerwerk ist besonders gefährdet. Denn Schlagregen, Spritzwasser und Staunässe sowie die deutlicheren Temperaturschwankungen in Bodennähe sind beträchtliche Belastungen.

4

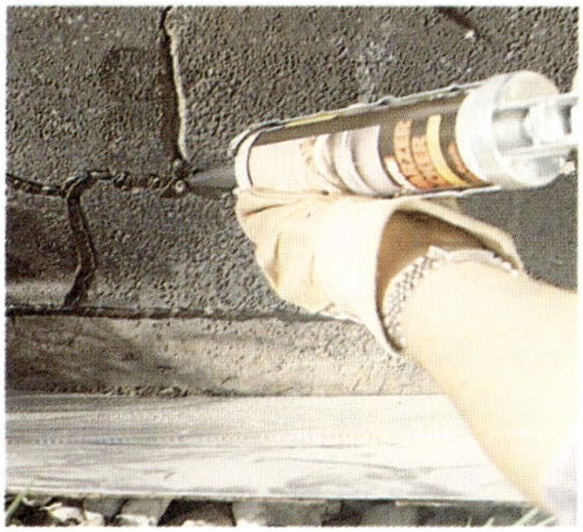

5

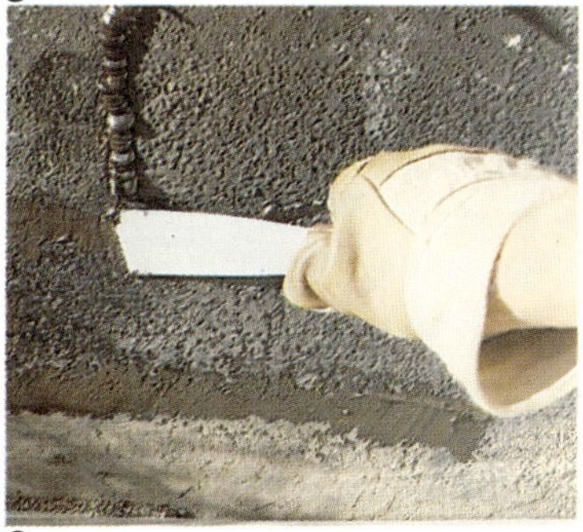

6

7

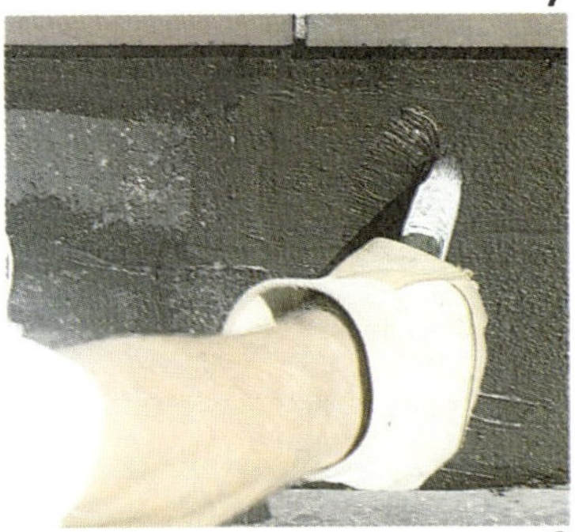

8

9

Dabei befinden sich keine Vormauersteine mit höherer Druckfestigkeit und damit Wasserdichtigkeit hinter der Putzschicht, sondern nur normales Mauerwerk, das nicht direkt der Witterung ausgesetzt werden darf.

5 Ein Dickschichtanstrich mit Schutzfolie kann zwar auch schmale Risse von wenigen Zehntelmillimetern überbrücken. Breite Risse muß man jedoch zuerst mit einer zur Beschichtung passenden Dichtmasse ausfüllen. Diese elastische Masse hält nicht nur dicht, sondern kann auch geringe Bewegungen ausgleichen. Bei der Verarbeitung aus der Kartusche in einer Handdruckpistole darf die ausgepreßte Dichtmassenraupe ruhig etwas dicker ausfallen,

6 damit sie sich anschließend mit einem Spachtel eben verteilen läßt. Dabei wird sie noch fester in den Riß hineingedrückt, um auch wirklich eine dichte Verbindung zum alten Putz zu erhalten. Diesen Vorgang kann man wiederholen, falls die Dichtmasse beim Trocknen zu weit nachsackt. Schließlich sollen sich die gefüllten Risse nicht immer noch auf der neuen Beschichtung abzeichnen.

7 Die Beschichtung beginnt man am Mauerwerkanschluß. Dort wird sie zunächst einmal vorgestrichen, um auch die Unterkante der Mauersteine und vor allem mögliche Fugen zwischen Sockelputz und aufgehendem Mauerwerk zu erreichen.

8 Auf die Fläche wird die Beschichtung in wenigstens zwei Schichten aufgetragen, zunächst mit Streichbürste oder Flächenstreicher. Mit Streichwerkzeugen läßt sich das Material intensiver in Unebenheiten einarbeiten.

9 Eine zweite oder auch dritte Schicht kann man dann auch mit dem Farbroller auftragen, wenn man eine gleichmäßigere Oberflächenstruktur erreichen möchte. Die Beschichtung ist bereits nach wenigen Stunden soweit durchgetrocknet, daß sich der ursprüngliche Zustand schnell wiederherstellen läßt.
Wenn Sie Beschichtungsmaterial verwenden, lassen sich die Werkzeuge nach Abschluß der Arbeiten ganz einfach mit viel Wasser säubern.

Sachwort-Register

Abbildungsverzeichnis

Die nachstehend aufgeführten Firmen haben Bildmaterial und Produkte zur Verfügung gestellt. Da sie damit zur Gestaltung dieses Buches beigetragen haben, möchten wir ihnen für die freundliche Unterstützung danken.

ISO STUCK GmbH
Postfach 2183
48231 Warendorf
S. 88, S. 89 (1-2), S. 90 (3-4), S. 91 (5-6)

Lugato Chemie
Dr. Büchtemann
Postfach 701140
22011 Hamburg
S. 71 (1-4), S. 72 (5-8)

Remmers Chemie GmbH & Co
Postfach 1255
49624 Löningen

Ostermann & Scheiwe GmbH & Co
Postfach 6340
48033 Münster

Fugentechnik
Postfach 560315
60435 Frankfurt/Main 56

Beeck'sche Farbwerke
Postfach 81 02 24
70 519 Stuttgart
S. 6, S. 24 (4), S. 27 (2), S. 30, S. 34 (2), S. 39 (1-2)

Herbert Malten
Werksvertretungen
Johann-Sebastian-Bach-Str. 11
82 049 Pullach
S. 14 (2), S. 15 (5)

Alle anderen Fotos stammen von

Max Direktor
S. 10 (1, 2), S. 13, S. 14 (1, 3), S. 17-21, S. 23-24, S. 27-28 (1, 3, 6), S. 29, S. 31 (1, 2), S. 34-38 (1, 3-18), S. 48-53, S. 55, S. 56 (1, 3), S. 57, S. 80-83

Dietrich Engelhard
S. 40-47, S. 58-70, S. 73-79, S. 84-94